ÉTUDE COMPARATIVE

DES SIX

PRINCIPAUX ÉTATS

DE L'EUROPE

PAR

UN OFFICIER PRUSSIEN

PARIS

CH. TANERA, ÉDITEUR,

LIBRAIRIE POUR L'ART MILITAIRE, LES SCIENCES ET LES ARTS,

Rue de Savoie, 6.

1863

ÉTUDE COMPARATIVE

DES SIX

PRINCIPAUX ÉTATS

DE L'EUROPE

Paris. — Imprimerie de E. Martinet, rue Mignon, 2.

ÉTUDE COMPARATIVE

DES SIX

PRINCIPAUX ÉTATS

DE L'EUROPE

PAR

UN OFFICIER PRUSSIEN

PARIS

CH. TANERA, ÉDITEUR,

LIBRAIRIE POUR L'ART MILITAIRE, LES SCIENCES ET LES ARTS,

Rue de Savoie, 6.

1863

ÉTUDE COMPARATIVE

SUR LES ARMÉES

DES SIX PRINCIPAUX ÉTATS DE L'EUROPE

C'est un fait particulier des temps modernes que, malgré l'énorme développement de la richesse nationale, malgré les rapports intimes que les progrès matériels ont créés entre les divers États du globe, les relations internationales des peuples manquent de cette sécurité et de cette solidité qui caractérisaient, il y a peu d'années encore, le système politique de l'Europe. Une inquiétude générale, disposée à tout moment à prendre les proportions d'une agitation fiévreuse, s'est établie aujourd'hui parmi les membres du *concert européen,* et a mis les États dans la nécessité, non-seulement de fortifier leur puissance militaire, mais aussi de répartir leurs troupes, de manière à pouvoir en disposer avec autant de facilité que de promptitude.

Nous trouvons donc en ce moment le pouvoir militaire des grandes puissances organisé sur un pied aussi large qu'imposant, non sans faire naître des récriminations de la part des intérêts économiques. Nous touchons là à un problème, l'équilibre entre les dépenses militaires et le produit des revenus, dont la solution forme une des questions les plus ardues de notre époque. Sous ce rapport, on peut distinguer parmi les six principales puissances de l'Europe, deux grands groupes d'États. La Russie et l'Autriche forment l'un de ces groupes; la France, la Prusse, l'Angleterre et l'Italie forment l'autre. Tandis que ces derniers États s'occupent de développer leurs moyens de défense et de les organiser sur une base populaire et rationnelle, les deux grands empires de l'est, déterminés par des raisons très graves, ont au contraire restreint autant que possible leurs armements : la Russie, pour ne pas troubler l'application d'une grande idée civilisatrice, qui modifiera essentiellement les conditions politiques et sociales de ses peuples; l'Autriche, pour mettre fin aux désordres qui se sont introduits dans son système financier, par suite de ses luttes contre la révolution.

En examinant de plus près ces deux groupes, il résulte que l'immense empire russe, ayant une population de 68 millions d'habitants en Europe, avec une superficie de 96 000 milles carrés géographiques (de 15 au degré), met en campagne une armée de 996 911 hommes, c'est-à-dire qu'elle prend 1,33 pour 100 de la population pour le service militaire, soit un soldat par 75 habitants. De plus, en regard d'un revenu de 1156 millions de francs, elle place une dépense de 1238 millions répartie comme suit :

Dette publique.	218 000 000
Administration civile. . . .	485 000 000
Administration militaire . . .	452 000 000
Marine..	83 000 000

Déduction faite des frais de perception et de régie, ainsi que des dépenses pour la dette publique, ces chiffres présentent les proportions pour 100 suivantes :

Administration civile. .	47 1/2	pour 100
Armée.	44 1/4	—
Marine.	8 1/4	—

L'Autriche, avec 36 millions d'habitants et une superficie de 11 762 milles carrés, réunit aujourd'hui à peu près 439 000 hommes sous les drapeaux, soit un soldat par 80 habitants (1). Ses recettes montent à 1091 millions de francs. et ses dépenses à 1240 millions. Les dépenses se répartissent ainsi :

Dette publique.	375 000 000
Frais de régie et de perception .	267 000 000
Administration civile.	250 000 000
Armee.	308 000 000
Marine.	40 000 000

Ces trois dernières dépenses présentent la proportion pour 100 suivante :

Administration civile. . . .	40	pour 100
Armée.	54	—
Marine..	6	—

La France, avec 37 millions d'habitants et une su-

(1) Nous apprenons que le gouvernement autrichien vient encore de renvoyer 15 hommes par compagnie, ce qui constitue, après tant d'autres, une nouvelle réduction de 18 000 hommes.

perficie de 10 034 milles carrés (53 millions d'hectares), compte en ce moment une armée de 370 573 hommes (non compris l'Algérie), ce qui représente 1 1/10 pour 100 de la population sous les armes, soit un soldat par 90 habitants. Ses revenus s'élèvent à 2069 millions de francs, et ses dépenses à 2060 millions, savoir :

Dette publique.	518 000 000
Frais de régie et de perception.	225 000 000
Administration civile.	778 000 000
Armée.	374 000 000
Marine.	165 000 000

La proportion pour 100 établie d'après les mêmes principes que ci-dessus, donne pour

L'administration civile. . . .	59	pour 100
L'armée.	29	—
La marine.	12	—

L'Angleterre, avec 29 millions d'habitants et une superficie de 5774 milles carrés, compte un effectif de 228 487 hommes, soit 0,99 pour 100 de la population, ou un soldat par 102 habitants. Le revenu public de l'Angleterre est de 1762 millions de francs et sa dépense de 1770 millions, savoir :

Dette publique.	640 000 000
Frais du régie, etc.	146 000 000
Administration civile.	240 000 000
Armée	414 000 000
Marine.	330 000 000

Voici la répartition proportionnelle :

Administration civile. .	24 1/2	pour 100
Armée.	42	—
Marine.	33 1/2	—

La Prusse, avec 18 millions d'habitants et une superficie de 5082 milles carrés, entretient une armée de 201 500 hommes, soit 1 1/10 de la population ou un soldat par 90 habitants. Son revenu public est de 516 500 000 francs, et sa dépense de 522 millions, savoir :

Dette publique.	57 000 000
Frais de perception, etc. . .	160 000 000
Administration civile.	151 000 000
Armée..	145 000 000
Marine.	9 000 000

Proportion pour 100 entre les trois dépenses suivantes :

Administration civile. . 50		pour 100
Armée. 48 1/3		—
Marine. 1 2/3		—

Le royaume d'Italie, avec 22 millions d'habitants et une superficie de 4072 milles carrés, compte une armée de 242 000 hommes (pied de paix), soit 1 1/5 de la population, ou un soldat par 83 habitants. Ces chiffres ne peuvent avoir pour le moment qu'une valeur abstraite. Le revenu public de l'Italie est de 623 millions de francs, et sa dépense de 973 millions, dont 259 millions pour l'armée. Cet État ne peut pas encore fournir les éléments d'un examen comparatif avec les autres États, parce que son administration publique, son régime financier et son armée se trouvent dans une phase de transition.

En Prusse, le contingent annuel est fixé d'une manière permanente, tandis qu'il varie dans les autres États, suivant les nécessités de la situation politique.

En Russie, le contingent annuel représente une moyenne de 82 à 86 000 hommes, et défalcation faite des hommes réformés et infirmes, il doit rester de ce nombre 35 pour 100 de soldats valides. Ce contingent est pris sur le chiffre total des 500 à 530 000 individus sujets à la conscription.

En Autriche, le contingent annuel ordinaire est de 85 000 hommes. La proportion établie entre ce contingent et la population est de 1/361 (y compris 1200 recrues des confins militaires dits *Grenzer*), et de 1/399 (sans les Croates). Le nombre des jeunes gens sujets à la conscription (*inscrits*) est de 330 000, dont 65 à 70 pour 100 d'impropres au service.

En France, le contingent annuel est de 100 000 hommes, ce qui établit une proportion de 1/391 entre ce contingent et la population. Le nombre des jeunes gens inscrits sur les listes du recrutement est de 300 000 à 320 000, dont 35 à 38 pour 100 d'impropres au service.

En Angleterre, le contingent annuel est de 55 000 hommes, ou 1/5 pour 100 de la population.

En Prusse, il est de 63 000 hommes, ou 1/286 de la population (sans la landwehr). Le nombre des jeunes gens disponibles inscrits est de 155 à 158 000, dont 70 à 74 pour 100 d'incapables.

En Italie, il a été en 1863 de 45 000 hommes, ou 1/466 de la population. Le nombre des jeunes gens sujets au service militaire est de 211 000, dont 60 à 64 pour 100 d'exonérés ou d'infirmes.

Il résulte des développements qui précèdent que la Prusse, avec des ressources relativement limitées, met sur pied l'armée proportionnellement la plus nombreuse, sans abuser de la richesse nationale, et sans nuire au travail productif de la population. Il n'en est pas de même de l'Autriche, dont la situation est peu prospère, par suite d'un déficit considérable qu'il faut diminuer à tout prix. Il paraît même que pour couvrir ce déficit, on a recours à des moyens défavorables à la puissance politique et militaire de cet empire.

Après avoir ainsi esquissé les principaux traits de la physionomie de l'Europe, il nous semble nécessaire de présenter l'ensemble des institutions militaires de ces cinq grandes puissances, afin de nous rendre compte des éléments particuliers qui constituent l'organisation des armées principales, et qui en indiquent la véritable valeur.

La loi fondamentale qui règle le service des armées modernes est la conscription. Presque tous les États de l'Europe ont adopté ce mode de recrutement ; l'Angleterre seule se borne à enrôler ses soldats pour un certain temps et à prix d'argent. Parmi les armées qui se recrutent par la voie de la conscription, il faut cependant constater une différence essentielle : dans les unes, le remplacement est admis; dans les autres, le service personnel est de rigueur. Le remplacement a lieu en Russie, en Autriche, en

France et en Italie; en Prusse, le service personnel est seul reconnu.

En Russie, il y a eu jusqu'à présent exemption complète pour les classes supérieures (noblesse et corps des marchands) de la nation, et de plus, pour toute la population de la Laponie, de la Bessarabie et de la Finlande. Un ukase impérial détermine chaque année le nombre des jeunes soldats à prendre par millier de sujets mâles, avec l'exonération du service au moyen du payement de 1000 roubles argent. Jusqu'en 1856, les communes rurales étaient obligées de contribuer à ce contingent annuel en raison de leur étendue, et les propriétaires fonciers suivant le nombre de serfs qu'ils possédaient. Les communes et les propriétaires devaient en outre payer 33 roubles par tête pour frais d'équipement, ce qui constituait notamment pour les propriétaires une contribution directe d'hommes, le servage étant aboli pour ces derniers par le service militaire. Mais les levées répétées dans un court espace de temps, et réduisant de plus en plus la population clair-semée, constituaient un véritable fardeau pour ces vastes pays. Pour les opérations du recrutement, l'empire était divisé en deux moitiés, celle de l'est et celle de l'ouest. La première comprenait 26 gouvernements et la seconde 25. Tous les deux ans, le recrutement devait se renouveler dans chaque moitié, en prenant 5 hommes sur 1000. Mais cette règle était devenue une exception. En 1849, la moitié occidentale devait fournir 8 hommes, et la moitié orientale, dont le tour n'était pas encore venu, 4 hommes. En 1851, la seconde (excepté neuf gouvernements) fournissait par ordre 9 hommes, et dix gouvernements de la première en fournissaient en même temps 10. En 1853, on leva 7 hommes dans la partie est. Cette levée prit des proportions plus grandes pendant la guerre d'Orient où l'on compta, à partir du 15 février 1854 jusqu'en octobre 1856. dans l'espace de vingt mois, dix levées, dont une de 9 hommes par 1000, et les autres de 10 à 13 hommes sur 1000. En évaluant à 24 millions la population soumise à la conscription annuelle, on trouve que ces levées ont produit un chiffre de 1 112 000 hommes, dont 400 000 faisaient partie d'une milice nationale établie a cette époque, tandis que les autres étaient envoyés à l'armée active. D'après les dernières nouvelles, le recrutement, suspendu pendant cinq ans, a été repris en 1863 sur une échelle très large, 5 hommes par 1000 sur tout le territoire de l'empire. Il semblerait donc à peu près positif que le terme de la nouvelle organisation sociale de l'immense empire coïnciderait avec un notable développement militaire, c'est-à-dire avec une levée de 300 000 hommes. Ce développement paraîtra suffisamment expliqué par les circonstances actuelles.

Une législation particulière, basée sur une convention militaire d'une nature féodale, règle le service des tribus qui habitent les frontières méridionales et orientales de la Russie européenne. Ces tribus, que nous comprenons sous la dénomination générale de Cosaques, exemptes de droits et d'impôts, sont tenues de mettre sur pied un certain nombre de régiments et de batteries pour le service de campagne. La plus grande partie des Cosaques vit sous des chefs qu'ils choisissent eux-mêmes dans de vastes districts qui embrassent plusieurs communes (*slonitzes*), et dont l'administration constitue une espèce de *self-government* démocratique. En échange de ces avantages, le gouvernement russe leur prescrit le nombre de troupes qu'ils ont à fournir, et entretient les régiments actifs comme des troupes régulières. En général, tout Cosaque est obligé de servir pendant trente-cinq ans à l'intérieur, et pendant vingt-cinq ans en dehors des limites de son pays ; il doit s'équiper à ses propres frais et partir au premier signal. Sauf les Cosaques du Don, établis sur les bords de ce fleuve, les populations dont il est question doivent faire garder leurs frontières par un certain nombre de régiments qui se relèvent tous les trois ans, et maintenir l'intégrité territoriale, soit au moyen des expéditions mobiles, soit par une occupation des postes fortifiés, situés le long des limites douanières. En temps de paix, les régiments non actifs ne sont réunis que pour certains exercices périodiques. En temps de guerre, le nombre des régiments appelés au service est réglé suivant les besoins de la guerre. Dans le cas où tous les régiments régulièrement organisés seraient incorporés dans l'armée, on appellerait sous les drapeaux tous les hommes capables de porter les armes pour en former de nouveaux régiments. Pendant la guerre d'Orient, il y avait au service 84 régiments de Cosaques du Don.

En Autriche, les fonctionnaires publics, les médecins, les avocats et tous les membres de l'enseignement public sont libérés à raison de leur profession. Sauf cette exception, les diverses provinces de l'empire sont régies par un règlement local dont l'ensemble contient les dispositions suivantes, communes à toutes les parties du territoire. L'entrée dans l'armée a lieu entre l'âge de dix-neuf et de vingt-neuf ans, d'abord par la voie de la conscription, puis par l'enrôlement volontaire. Le remplacement est admis, et c'est l'État lui même qui s'en charge moyennant la somme de 1200 florins. Il est donc laissé beaucoup de latitude à l'individu, relativement à l'entrée dans le service actif, condition indispensable pour le développement des ressources et du bien-être des différentes nationalités. Par suite de la division récente de l'empire en cantons militaires, on est parvenu à grouper les peuples autrichiens par corps spéciaux, suivant leurs aptitudes particulières; ainsi nous voyons, contrairement à l'ancien système, la Hongrie ne fournir que des hussards, le Tyrol et la Dalmatie, que des chasseurs; la Galicie, que des lanciers, etc. Le reste du territoire est subdivisé en quatre-vingts rayons militaires, correspondants aux 80 régiments de ligne, rayons dans lesquels sont recrutés les hommes nécessaires pour les tenir au complet. Le système militaire de l'Autriche comprend encore un élément exceptionnel, les confins militaires, contrée âpre et montagneuse, située au nord de la Turquie, comptant 714 milles carrés de superficie et 1 300 000 habitants. L'ensemble de cette population forme une garnison active, chargée de repousser les invasions et la contrebande des tribus voisines. Là, tout homme valide est obligé au service à l'étranger, depuis l'âge de vingt jusqu'à cinquante ans, et au service de l'intérieur jusqu'à soixante ans. Certaines villes libres sont seules exemptées de ce service. Il y a donc dans cette institution militaire quelque chose qui nous rappelle les Cosaques, mais la différence qui existe entre ceux-ci et les soldats des frontières, consiste en ce que ces derniers forment partie intégrante de l'armée permanente à laquelle ils se rattachent par le lien de l'unité tactique, tandis que les premiers appartiennent à un corps spécial de l'armée auquel est assignée une position particulière. En temps de paix. environ 10 000 hommes occupent les petits forts établis sur tout le parcours de la frontière, et ne sont relevés que tous les huit jours, ce qui équivaut à un service annuel de quarante-deux à quarante-quatre jours de garde. L'effectif des régiments de frontières se monte, sur le pied de paix, à 20 000 hommes, et atteint. sur le pied de guerre, d'après la proportion de 3240 hommes par 70 000 âmes, le chiffre de 58 000 hommes, y compris les non-combattants, pour lesquels il y a, la durée du service étant de trente ans, une réserve deux fois plus forte, de sorte que le total disponible des Croates pourrait s'élever, au besoin, au chiffre de 150 000 hommes. Le contingent annuel de ces régiments ne dépasse pas ordinairement le nombre de 12 000 hommes, faisant un service de huit à dix ans. Les classes les plus jeunes, qui forment les régiments actifs, étant parties pour la guerre, l'obligation de la défense du territoire passe à la population soumise au service intérieur. La frontière militaire est divisée en deux provinces, dont chacune est subordonnée à un gouverneur militaire et civil; chacune de ces provinces comprend deux divisions militaires et administratives, qui comptent chacune 2 ou 3 brigades de 2 régiments. Les arrondissements régimentaires se subdivisent en compagnies territoriales, et celles-ci en communes, sous un chef choisi dans leurs rangs. Ces communes se composent de plusieurs familles auxquelles le gouvernement a alloué, à titre de fiefs, des terrains et des propriétés. Chacune de ces communes fournit, d'après un mode réglé par l'âge et par la durée de service, les recrues nécessaires qui reçoivent de l'État leur armement et leur équipement, et qui, dans le service des cordons militaires, et lors des réunions en dehors de l'arrondissement régimentaire, sont soldées et nourries au compte de l'État.

En France, le principe que tout citoyen se doit à la défense du pays n'est pas incompatible avec le remplacement, puisque l'État lui-même l'a organisé sur une vaste échelle. En effet, en vertu des institutions actuelles, le gouvernement admet, non-seulement l'exonération complète du service, moyennant une prime de 2000 à 2500 francs, fixée au commencement de l'année, mais il offre encore au soldat rappelé dans ses foyers par des affaires urgentes avant l'expiration de son temps de service, la possibilité de se racheter moyennant finance. Les sommes provenant de ces rachats sont employées, soit au rengagement de soldats qui ont fini leur temps, soit à l'engagement de volontaires. Les prolongations de service qui se font d'ordinaire pour sept ans donnent droit à une prime de 2 à 3000 francs, et à une haute paye. Ce système de remplacements est très populaire en France ; le budget de 1860 accuse la somme de 33 millions de francs comme recette produite par les exonérations, ce qui représente le chiffre de 16 500 exonérés, si l'on compte la prime à 2000 francs. En 1856, la libération de 22 464 jeunes gens avait produit la somme de 63 millions de francs, à laquelle il faut encore ajouter 6 500 000 francs, provenant de la prime payée par 3270 militaires libérés avant l'achèvement de leur temps de service. Il est incontestable que cette institution tient compte à la fois des intérêts militaires et des besoins administratifs du pays, et qu'elle est basée sur des considérations politiques bien entendues. Le gouvernement, en fixant lui-même le taux de la prime à verser, n'a pas lieu de craindre une disette d'hommes valides en cas d'événements extraordinaires.

Dans le nouveau royaume d'Italie, la loi veut que tous les citoyens sans distinction soient obligés de porter les armes, et personne ne peut remplir d'emploi avant d'avoir été rayé du tableau de la conscription. La classe des jeunes gens qui ont atteint leur vingt et unième année forme le contingent annuel soumis au service. La libération des jeunes conscrits jugés indispensables à leurs familles s'effectue au moment du recrutement. On procède ensuite à l'exonération, dont le prix varie suivant le genre d'emplois auquel se destine le jeune soldat ; l'État ne se charge pas du remplacement. La réserve n'est appelée sous les drapeaux qu'en temps de guerre, mais l'armée permanente forme une pépinière féconde de jeunes soldats animés de l'esprit militaire. La libération régulièrement opérée et l'exonération par voie de remplacement ne dispensent pas de l'obligation de servir dans la garde mobile destinée à maintenir l'ordre et la sûreté publique sur le territoire du royaume, et à défendre en temps de guerre les grandes cités et les établissements militaires. Tout homme valide, sans exception, est assujetti à ce devoir jusqu'à l'âge de trente-cinq ans accomplis. A cet effet, les communes dressent chaque année les listes des hommes disponibles, en les divisant en trois classes : 1° Les célibataires ou veufs sans enfants; 2° les hommes mariés sans enfants; 3° les hommes mariés avec enfants.

En cas d'appel des bataillons de la garde mobile, au nombre de 220, décrété par le gouvernement au fur et à mesure de la répartition territoriale, des commissions départementales établies *ad hoc* forment leurs contingents respectifs en prenant d'abord tous les volontaires qui doivent s'engager pour un service de deux ans, après lequel ils sont libérés en cas de paix; si le nombre des volontaires est insuffisant, on appelle les plus jeunes de la première classe des célibataires, et au besoin on passe successivement aux deux autres classes pour compléter le contingent nécessaire. Le citoyen qui fait partie de la garde mobile peut se faire remplacer par un autre qui n'a pas dépassé sa quarantième année, et qui possède toutes les qualités de remplaçant, prévues par la loi.

La Prusse exige le service personnel, sauf quelques exceptions motivées par des raisons de famille ou de propriété. Les jeunes gens qui, remplissant certaines conditions de capacité, s'engagent volontairement et s'équipent à leurs frais, ne servent que pendant une année. L'armée prussienne peut donc, à bon droit, être qualifiée de peuple en armes, car elle est la véritable école préparatoire de la nation pour la guerre.

Passons maintenant aux institutions anglaises. Depuis le *bill of right*, il faut l'assentiment formel du Parlement pour l'organisation d'une armée permanente. Un acte spécial (*mutiny act*), discuté chaque année par les chambres, détermine le chiffre de l'effectif annuel, et forme pour ainsi dire la base constitutive de l'armée qui, sans l'approbation solennelle des représentants du peuple, ne peut être ni augmentée ni diminuée. Il s'ensuit qu'il n'y a pas d'état militaire fixe en Angleterre, et que le chiffre de la force armée varie suivant les besoins du moment. Un économiste célèbre, M. Richard Cobden, a caractérisé le système militaire de son pays en s'opposant à l'adoption d'un projet de loi qui permet d'employer au besoin la conscription pour le recrutement de la milice. « Si vous voulez, dit-il, vous procurer des soldats, enrôlez-les et donnez-leur une bonne solde ; mais vous ne pourrez pas forcer de jeunes Anglais qui gagnent 3 à 4 schellings par jour, à se contenter d'une paye d'un schelling. » Cette loi a été abolie depuis.

Il existe en Angleterre une seconde ligne pour la défense territoriale, un système de troupes auxiliaires qui se recrutent également par la voie de l'engagement volontaire, mais dont l'organisation active est placée d'une manière plus ou moins directe sous l'autorité militaire centrale. D'après leur aptitude et leur valeur militaires, les différentes catégories de cette seconde armée volontaire, que la nation regarde comme un heureux contre-poids à l'armée permanente, peuvent être rangées dans l'ordre suivant :

1° Troupes de marine;
2° Milice à pied (*militia*) ;
3° Milice à cheval (*yeomanry*) ;
4° Pensionnaires ;
5° Réserve proprement dite ;
6° Gardes-côtes ;
7° Bataillons d'ouvriers des docks ;
8° Volontaires.

Les troupes de marine étant affectées essentiellement aux opérations navales, et la future formation des catégories énumérées sous les numéros 5 à 8 se trouvant actuellement dans une phase de transition, nous ne mentionnerons ici que les classes les plus rapprochées, par leur organisation, de l'armée permanente, c'est-à-dire la milice et les compagnies de pensionnaires. Le soldat qui s'enrôle volontairement dans la milice à pied s'engage pour cinq ans, et doit pendant ce temps un service actif dès qu'il en reçoit l'ordre ; mais la milice ne pouvant servir à l'étranger sans un bill du Parlement, elle n'est soumise à la loi militaire que dans l'intérieur du pays. L'entrée dans la milice n'est subordonnée qu'à la condition de n'avoir pas dépassé la trente-cinquième année et d'être de taille moyenne. Le gouvernement se charge de l'équipement et de l'armement, et traite le soldat de la milice active comme un soldat ordinaire. Il y a deux sortes de régiments de milice : les uns existent seulement comme cadres, et ne se réunissent qu'une fois par an ; les autres forment un corps actif d'un effectif faible et variable. Si l'engagement a lieu dans un régiment actif, les arrhes dues à tout *milice man* sont beaucoup plus considérables que dans l'autre cas. La milice, en temps de service, est soumise à toute la rigueur de la loi militaire; lorsqu'elle est renvoyée dans ses foyers, elle est surveillée et contrôlée par le lord-lieutenant du comté qui règle les détails d'administration et d'organisation. Il nomme également les officiers et fait approuver leur nomination par la reine. Avec un effectif nominal de 125 000 hommes et un état-major correspondant à ce chiffre, tous les régiments anglais et irlandais pourraient à peine mettre sur pied 60 000 hommes. Le nombre des régiments de la milice d'infanterie est de 133, et celui des régiments de la milice d'artillerie, de 27. Le nombre des régiments permanents ou actifs a beaucoup diminué dans les dernières années. En 1859, on en comptait encore 37, dont 13 d'artillerie et 24 d'infanterie, qui présentaient un total de 20 à 22 000 combattants. Depuis 1861, on compte seulement 6 régiments d'artillerie et 4 d'infanterie, ou environ 5 à 6000 hommes, que l'on pourrait mettre immédiatement en campagne. La milice à cheval (*yeomanry*) est une troupe également organisée d'après les mêmes principes d'engagements volontaires; les cavaliers sont, pour la plupart, des fermiers et de riches cultivateurs qui s'équipent à leurs frais, et ne reçoivent qu'une indemnité annuelle de 70 francs. Pendant les concentrations périodiques des troupes, le cavalier est traité comme le fantassin, et a droit en outre au fourrage pour son cheval. La yeomanry, organisée par escadrons, forme 50 corps répartis sur tout le territoire anglais, et son effectif s'élève à 15 000 hommes très bien montés. Les officiers de la yeomanry sont pris dans l'armée régulière, ordinairement dans les régiments qui tiennent garnison dans les villes les plus voisines. Les compagnies de pensionnaires, composées d'anciens militaires qui ont achevé sans reproche leur temps de service de vingt et un ans dans l'infanterie, et de vingt-quatre ans dans la cavalerie, se divisent en compagnies locales et en compagnies de réserve. On compte dans les premières tous les individus enrôlés et valides, habitant un certain rayon, et ayant moins de cinquante ans, et les secondes se composent des individus âgés de plus de cinquante ans. Il existe au centre du rayon qui forme la compagnie territoriale, un dépôt d'habillement et d'instruction. Les pensionnaires se réunissent de temps en temps comme la milice pour des exercices en communs. Ils sont placés dans leurs domiciles sous l'autorité d'officiers vétérans, et sont inspectés, en outre, par des officiers supérieurs de l'armée. On compte 116 compagnies de pensionnaires, fortes d'environ 64 000 hommes, mais le nombre des combattants ne dépasserait guère 12 à 15 000 hommes.

Après ce coup d'œil sur les bases organiques de la force de terre des grandes puissances de l'Europe, nous allons examiner la durée de service et la manière dont elle est répartie.

En Russie le soldat est lié au service pendant vingt ans; en Autriche, dix ans; en France, sept ans; en Angleterre, de dix à douze ans; en Italie, de huit à onze ans, et en Prusse, seize ans, d'après le nouveau projet de loi. Mais cette durée de service offre des nuances qu'il importe de signaler. En vertu d'un ukase du mois de janvier 1857, le droit au congé est acquis en Pologne et dans les gouvernements de l'ouest après quinze années de service. Outre le congé, des permissions facultatives peuvent être accordées à la fin de la huitième année, suivant les besoins administratifs. En général, les soldats de la garde restent dix ans et ceux de la ligne douze ans sous les drapeaux, d'où ils passent d'abord à la première et ensuite à la seconde réserve à laquelle ils restent attachés jusqu'à la fin de la vingtième année de service. La première réserve de l'armée d'opération européenne existe en temps de paix aux mêmes conditions que la landwehr de Prusse, c'est-à-dire qu'elle ne possède, en grande partie, que des cadres d'un effectif faible avec les dépôts d'habillement et d'armement nécessaires. Au moyen du complément de ces cadres elle forme, en temps de guerre, une armée auxiliaire destinée à soutenir l'armée de campagne. La seconde réserve, composée des classes les plus anciennes, n'existe pas en temps de paix, et n'est créée qu'au moment d'entrer en campagne. Sa principale destination est de compléter les régiments actifs ainsi que ceux de la réserve, et d'instruire les jeunes soldats pour la guerre. On lui donne aujourd'hui généralement le nom de *japarni* ou troupe de dépôt. L'organisation de l'armée de réserve russe a subi récemment quelques changements essentiels; nous allons donner un court aperçu de sa situation actuelle. En temps de paix, les quatrièmes bataillons disponibles des régiments des six corps d'armée sont entièrement séparés de leurs régiments et forment les divisions de réserve de ces corps, à raison de douze bataillons par corps d'armée. En temps de guerre, on forme pour les régiments des trois divisions d'infanterie de la garde et du corps des grenadiers les troisièmes bataillons de réserve, et ces douze bataillons constituent pour chacun de ces corps la division de réserve. Quant aux six corps d'armée, on forme pour chaque régiment actif un régiment de réserve de trois bataillons (4ᵉ, 5ᵉ et 6ᵉ) qui porte le même numéro que lui. Ce sont les quatrièmes bataillons (de paix) qui forment les cadres de ces nouveaux régiments. Les douze régiments de réserve de chaque corps forment six brigades ou trois divisions, et constituent un corps d'armée de réserve. On forme également une compagnie de réserve pour chacun des bataillons de chasseurs de la garde, et ces trois compagnies constituent le bataillon de réserve des chasseurs de la garde. Il est créé également une compagnie de réserve pour le bataillon des chasseurs finlandais, un bataillon de réserve pour les chasseurs du corps des grenadiers, et six bataillons de réserve pour les dix-huit bataillons de chasseurs des six corps d'armée. Enfin, on forme dans le bataillon des sapeurs de la garde une compagnie de réserve avec une section du train des équipages de pont qui suit ce corps. On crée de même une compagnie de reserve pour le bataillon de sapeurs des grenadiers, et six bataillons de réserve pour les bataillons de sapeurs des six corps d'armée.

Les troupes de dépôt de l'infanterie sont formées d'après les besoins de la guerre. On compte ordinairement deux bataillons (les 7e et 8e) par régiment d'infanterie, et une compagnie par bataillon de chasseurs et de sapeurs.

Les régiments de cavalerie de la garde et ceux des 4e, 6e et 7e divisions de cavalerie sont composés de quatre escadrons actifs et d'un escadron de réserve. Les régiments des 1re, 2e, 3e et 5e divisions de cavalerie comprennent quatre escadrons de guerre et deux de réserve. Cette composition ne s'applique qu'au pied de paix, pendant lequel les escadrons de réserve se trouvent auprès de leurs régiments. En temps de guerre, les escadrons de réserve sont séparés de leurs régiments. On forme alors avec les cinquièmes escadrons de la garde dans lesquels on fait entrer les hommes en congé, des divisions de réserve de deux escadrons. Les escadrons de réserve (soit le 5e seul. soit les 5e et 6e) de tous les autres régiments des sept divisions de cavalerie sont réunis deux à deux dans des régiments à quatre escadrons, qui correspondent aux brigades actives. Quant aux troupes de dépôt de la cavalerie, il n'est pourvu à leur formation que pour les sept divisions de la cavalerie. On organise pour chaque régiment une division de dépôt de deux escadrons, et ces escadrons réunis forment dans chaque division une brigade de dépôt.

En cas de mobilisation de l'artillerie, on ajoute, dans l'artillerie à pied de la garde, à toutes les batteries actives, le matériel de rechange nécessaire (cinq attelages), puis on forme la brigade d'artillerie de réserve qui se compose de trois batteries, et la brigade d'artillerie de dépôt de la garde, composée également de trois batteries avec un effectif en hommes correspondant à celui des batteries à douze grosses pièces. Pour l'artillerie à cheval de la garde, on organise également dans toutes les batteries actives les attelages de rechange, puis on crée une batterie de réserve à cheval. L'organisation des réserves de l'artillerie du corps des grenadiers est semblable à celle de la garde, à cette seule différence près que la batterie de réserve de la 7e brigade à cheval à un effectif un peu plus fort.

Les réserves d'artillerie des six corps d'armée sont formées de la manière suivante : chaque corps a trois brigades d'artillerie à pied de réserve, d'un effectif égal à celui des brigades actives, puis une brigade d'artillerie de dépôt de six batteries ayant chacune seulement deux pièces attelées. On organise dans les sept brigades d'artillerie à cheval une batterie de réserve à cheval, de quatre pièces légères. Toutes les batteries de réserve de l'artillerie à pied sont destinées à concourir aux opérations de guerre, et elles ont le même effectif que les batteries actives. Les batteries à cheval de réserve sont, au contraire, exclusivement destinées à former des dépôts; elles instruisent les jeunes soldats nécessaires pour combler les lacunes dans l'artillerie à cheval, et effectuent le transport du matériel de rechange. Les brigades d'artillerie de réserve sont réparties entre les divisions d'infanterie de réserve, dont elles portent aussi le numéro et la dénomination.

En Autriche, la durée du service actif est de huit ans; mais elle se réduit en réalité à trois ans et demi dans l'infanterie, à cinq ans dans la cavalerie et à sept ans dans les armes spéciales. Les jeunes soldats qui n'ont pas versé la prime de libération ou qui ne se sont pas engagés comme volontaires, sont obligés de servir ensuite deux ans dans la réserve. Il n'y a pas d'époque fixe pour la réunion de la réserve, et on ne l'appelle sous les armes que lorsque le besoin l'exige. Le Tyrol et le Vorarlberg ont une organisation particulière, destinée à assurer la défense territoriale de ces pays. Tout habitant valide est tenu de faire partie d'un corps de tireurs qui sont soumis à un règlement commun et se réunissent une fois par semaine pour s'exercer au tir de la cible. Les soldats de la réserve, rappelés sous les drapeaux, rejoignent les corps dont ils ont fait partie, et forment dans l'infanterie les bataillons de grenadiers et les quatrièmes bataillons. La réserve des bataillons de chasseurs et celle de la cavalerie et de l'artillerie servent à compléter les escadrons et les batteries actives, selon les besoins de la guerre.

En France, la durée de service est de sept ans, et encore ce temps se trouve-t-il raccourci de dix-huit mois à deux ans; on ne compte guère que cinq ans de service effectif pour la majeure partie des soldats. Le contingent annuel, fixé à 100 000 hommes, forme depuis deux ans deux parties distinctes. La première, forte de 50 000 hommes, est distribuée dans les régiments actifs de l'armée et la seconde est instruite dans les dépôts d'instruction de l'infanterie. Cette instruction dure trois mois la première année, deux mois la seconde, et un mois la troisième. La cavalerie et l'artillerie n'ont pas de dépôt d'instruction, et les jeunes soldats affectés à ces deux armes sont attachés à des régiments actifs pendant le même laps de temps.

La Prusse, dont l'organisation militaire se trouve dans une phase de transition, exige la plus courte durée de service sous les drapeaux. Cette durée est de trois ans, puis quatre ans dans la réserve et neuf ans dans la landwehr (d'après le projet de loi de 1863). Ainsi tout individu qui est soldat dans sa vingtième année, est libéré de tous services personnels dans sa trente-sixième année.

La landwehr dont, en temps de paix, on ne conserve que les cadres des bataillons, et qui depuis la dernière organisation a cessé de faire partie intégrante de l'armée active, forme, suivant sa destination essentielle, une seconde armée composée seulement d'infanterie et d'artillerie de siége, destinée en première ligne à garder les provinces exposées aux invasions de l'ennemi, et à défendre l'intégrité du territoire. Ce rôle n'enlève cependant pas au gouvernement la faculté d'en envoyer une certaine partie sur le théâtre de la guerre. Il n'existe que douze régiments de cavalerie de landwehr, dont on ne maintient que les cadres en temps de paix ; contrairement à ce qui est établi pour l'infanterie de la landwehr, les douze régiments de cavalerie, en cas de mobilisation, font partie de l'armée de campagne et sont embrigadés avec des régiments de ligne. A cette exception près, l'organisation du système est la même, de sorte qu'à tous les régiments d'infanterie, dits anciens (quatre de la garde et trente-deux de la ligne) correspond un régiment de landwehr du même effectif, composé de soldats de la huitième à la seizième année. Les huit anciens régiments portent les numéros 32 à 40, auxquels correspond seulement un bataillon de landwehr. Il résulte de ces chiffres que la Prusse dispose de 116 bataillons de landwehr prêts à soutenir l'armée active. Les chasseurs, le génie et l'artillerie n'ont plus, comme autrefois, des corps de landwehr qui leur correspondent ; ils rappellent dans les régiments actifs les militaires qui ont terminé un service de huit ans, au fur et à mesure des besoins, soit pour combler les lacunes de leur effectif, soit pour en former des divisions particulières, destinées au service intérieur et extérieur (artillerie de siége).

Par des raisons d'économie, le gouvernement prussien vient de réduire le service réel à deux ans et demi, en appelant sous les drapeaux quatre mois et demi plus tard que d'ordinaire les jeunes soldats d'infanterie de la classe de 1862. Ce retard est considéré comme un essai ayant pour but d'arriver à un service actif de deux ans, demandé avec instance par l'opinion publique.

Dans l'armée italienne, il existe deux classes de service : celle destinée à l'armée active et celle affectée à la réserve. La première est subdivisée en soldats d'ordonnance et en soldats provinciaux. On comprend sous la dénomination de soldats d'ordonnance tous les jeunes soldats qui s'engagent volontairement, les carabiniers (gendarmes), les ouvriers arquebusiers et les musiciens. Ils satisfont à la loi, en servant huit ans sous les drapeaux. Par soldats provinciaux on entend tous les conscrits qui doivent servir pendant onze ans, dont cinq sous les drapeaux et six en congés renouvelables. La réserve, qui se compose des hommes peu aptes au service de campagne, est exercée pendant cinquante jours et renvoyée ensuite en congé illimité. Cette réserve est obligée de servir pendant cinq ans; mais ce temps expiré, on ne peut plus la réunir. La garde mobile est appelée au service actif par ordonnance royale, mais la durée ordinaire des réunions ne doit pas dépasser trois mois. Cependant si une guerre étrangère ou des troubles intérieurs constituaient une situation exceptionnelle, ses chefs militaires sont autorisés à la maintenir sur pied et à s'en servir selon les besoins. On réunit la garde mobile tous les ans pendant un mois pour l'exercer au maniement des armes.

En Angleterre, l'enrôlement des soldats de l'infanterie, de l'artillerie à pied et des sapeurs mineurs a lieu pour dix ans; celui de la cavalerie et de l'artillerie à cheval pour douze ans. Ce temps achevé, les rengagements se font pour onze ans dans l'infanterie et pour douze ans dans la cavalerie, et donnent droit à des pensions viagères. La milice est soumise à un engagement de cinq ans ; elle se réunit chaque année pendant trois jours au moins et trois mois au plus. C'est seulement dans le cas d'une grande guerre que la reine peut maintenir les régiments de milice sous les drapeaux. Quelque défectueux que soit le système des milices au point de vue militaire, on le regarde comme une institution des plus nationales et des plus constitutionnelles de l'Angleterre, comme une institution qui non-seulement apporte une sage économie dans le budget de la guerre, mais encore qui ménage les intérêts et les ressources de la nation. Ce n'est pas ici le lieu d'approfondir la question, ni de prouver combien les conséquences politiques et militaires qui découlent de cette institution sont erronées. On comprend aisément d'ailleurs que l'entretien de la milice dont la valeur militaire est bien inférieure à celle des armées permanentes, coûte beaucoup plus cher au pays que si l'on augmentait l'armée de 20 000 hommes de troupes régulières. Cette organisation n'est donc, en effet, qu'un expédient impuissant pour établir un juste équilibre entre les divers moyens de défense du royaume insulaire.

En résumé, l'âge de la masse des soldats sous les drapeaux dans les grandes armées européennes s'établit ainsi :

En Russie, de 20 à 32 ans ; en Autriche, de 20 à

28 ans ; en France, de 21 à 28 ans ; en Prusse, de 20 à 23 ans ; en Italie, de 20 à 26 ans.

En ajoutant ensuite la durée du service complémentaire on trouve les chiffres ci-après :

En Russie, de 33 à 40 ans ; en Autriche, de 29 à 30 ans ; en Prusse, de 24 à 36 ans ; en Italie, de 27 à 31 ans. En France, il n'est exigé aucun service complémentaire.

L'examen comparatif des principaux systèmes militaires de l'Europe, à l'exception de celui de l'Angleterre, révèle donc une certaine analogie dans les conditions essentielles de leur organisation. D'abord toutes ces puissances possèdent une armée permanente composée d'éléments assez homogènes, et renforcée par une réserve disponible assez forte pour la porter à un effectif proportionné à la grandeur du pays. Ces deux parties forment un tout compacte appliqué à la guerre extérieure. Vient ensuite l'armée de réserve, ou la réserve de l'armée, que l'on met sur pied au moment de la mobilisation, soit pour compléter les cadres, soit pour augmenter le chiffre des subdivisions (bataillons, escadrons, etc.). Cette seconde réserve n'a pas une organisation positive ou permanente, la première formant déjà en temps de paix un organisme indépendant et nettement dessiné (comme la première réserve de Russie et la landwehr de Prusse).

Si nous jetons un coup d'œil rétrospectif sur les éléments particuliers qui composent ce second système militaire, nous remarquerons néanmoins qu'il existe entre les diverses armées une différence assez notable au point de vue de la qualité de ces éléments.

La Russie et la Prusse, par suite de la longue durée du service obligatoire, possèdent une plus grande quantité d'anciens soldats ; en outre, par la présence continuelle de ses soldats sous les drapeaux pendant sept ou huit ans, la Russie a le double avantage de les rompre aux fatigues de la guerre et de faire naître en eux cet esprit de corps et cette habitude de la discipline indispensables à la subordination militaire. Le peu de temps qui sépare d'ailleurs le service de l'armée active de celui de la première réserve est un lien utile qui rattache le soldat à la vie militaire et lui en conserve les habitudes.

En Prusse, la durée restreinte du premier service et les inconvénients d'une assez longue interruption (dix à onze ans) dans la carrière des armes, qui en résultent, sont la conséquence naturelle du service personnel et du système de la landwehr. En admettant que la durée de service sous les drapeaux fût moins limitée, l'armée permanente renverrait un nombre insuffisant d'hommes, il se produirait de grandes lacunes dans la situation de la landwehr, et la proportion en rapport avec les besoins de son effectif serait considérablement altérée. L'enseignement qu'on puisera à la guerre indiquera le futur mode de formation de ces deux systèmes de combattants, si semblables dans le principe de l'institution, ainsi que le rapport à établir entre eux et l'armée mobile.

L'armée de réserve russe présente l'organisation la plus parfaite au point de vue de sa disponibilité pour la guerre ; entretenue sur le pied le plus large, elle peut être placée sur la même ligne que les corps actifs, et suivre, comme réserve centrale, les grandes opérations militaires.

L'armée de landwehr de Prusse, d'après la nouvelle organisation, se compose de neuf groupes d'infanterie, par analogie avec les neuf corps d'armée auxquels ils se rattachent par les liens les plus étroits. Cette organisation paraît donc conforme aux traditions et à l esprit qui ont présidé à la création de cette institution nationale, de faire correspondre la landwehr aux circonscriptions provinciales, et de la réunir en un corps d'élite, propre à donner aux générations futures l'exemple du dévouement et du patriotisme.

En Autriche, la réserve ne comprend que deux classes ; elle ne suffit pas aux besoins de l'armée, dont les corps actifs ont un effectif si élevé. L'inconvénient qui résulte de cette disproportion et qui s'est manifesté de nouveau dans la dernière guerre d'Italie, c'est la nécessité de diriger des recrues mal instruites sur les régiments de l'armée d'opération pour les compléter.

En Italie, les réserves sont établies sur un système encore plus défavorable que celles de l'Autriche. Le principal défaut de leur organisation, c'est qu'il n'y a qu'une réserve peu instruite et par conséquent peu habile pour la guerre. Comme nous l'avons déjà dit, le système militaire italien compte dans ses rangs les soldats dits de la réserve, pour une durée de cinq ans, mais astreints seulement à un service effectif de cinquante jours. Quand même la réserve ne se composerait que d'infanterie, ce laps de temps ne suffirait pas pour instruire la masse, et la mettre à même de résister d'une manière efficace à des troupes qui ont trois, cinq et même dix ans de service. La réserve de l'armée active, composée de six classes, et ayant cinq ans de service, jette cependant un poids assez considérable dans la balance, et forme un noyau capable de soutenir des formations nouvelles et de donner un puissant appui à une vigoureuse défensive.

La réserve de l'armée française, composée de 200 000 hommes et alignée seulement sur le papier en temps de paix, ne peut guère seconder utilement l'armée active dont elle est destinée à grossir l'effectif, parce qu'elle ne se compose pas de soldats suffisamment instruits. Restée toujours dans ses foyers, sans habitudes militaires, elle fait entrer dans l'armée, au moment de sa convocation, des éléments qui altèrent l'ensemble des cadres en les privant d'un certain nombre d'instructeurs. Mais l'aptitude naturelle des Français pour le métier des armes, si favorable au développement de la force militaire du pays, suffit pour contre-balancer les inconvénients qui pourraient résulter de cette organisation.

La troisième ligne des grands systèmes militaires de l'Europe est formée d'un armement national qui sert à défendre le foyer domestique et qui, dépendant du régime d'administration municipale et communale, n'a pas de rapport direct avec l'armée permanente. Cette force populaire s'appelle en Russie, garde de l'empire; en Prusse, arrière-ban; en Autriche et en France, garde nationale ; en Angleterre, milices, pensionnaires, volontaires ; en Italie, garde mobile. Cette dernière réserve peut être envisagée aujourd'hui comme le système le plus parfait et le plus propre à soutenir la guerre extérieure et à développer une résistance aussi vigoureuse qu'opiniâtre. Mais c'est encore moins à son organisation qu'à l'esprit qui l'anime qu'il faut attribuer cette vaillance et cette solidité dont la garde mobile italienne a déjà donné tant de preuves, et qu'elle aura à montrer de nouveau contre les bandes qui cherchent à établir en permanence un état de désordre et d'anarchie dans les belles provinces de l'Italie méridionale.

Après les considérations que nous venons de présenter sur les bases de l'organisation des six principales armées de l'Europe, il convient de jeter un coup d'œil sur les chiffres qui indiquent la proportion numérique de leurs parties essentielles. L'effectif des armées actives a éprouvé une augmentation remarquable pendant les dix dernières années, malgré les efforts des partisans de la réduction des charges de la guerre, et de la substitution aux armées permanentes d'une milice nationale basée sur le principe du service universel. Cet accroissement de la force publique trouve son explication dans les nécessités de la politique intérieure et extérieure des grandes puissances. D'après le relevé des forces de terre et le calcul des divers éléments dont elles se composent, voici quel serait le chiffre des contingents disponibles pour la guerre :

Russie. — L'armée active mobile compte actuellement sur le pied de guerre :

Troupes régulières.	520150 hommes.
Troupes irrégulières	130285
Total des combattants. .	650385

Il faut déduire de ce chiffre :

	Troupes régul.	Troupes irrég.	Total.
1° Armée du Caucase.	140182 h.	55000 h.	195182
2° Corps de Finlande. .	20000	844	20844
3° — d'Orenbourg .	12000	17257	29257
4° — de Sibérie. . .	18000	22521	40521
Totaux. . . .	190182	95622	285804

Si l'on diminue encore le chiffre de l'armée active mobile de 50000 hommes nécessaires en Pologne, il en restera 314,81 pour une guerre étrangère, savoir :

Troupes régulières. . . .	279868
Troupes irrégulières. . .	34613
Nombre égal. . . .	314481

Si l'on ajoute ensuite à ces troupes :

1° L'armée de réserve . .	337873
2° Le 1er ban de Cosaques.	45000
On aura un total de. .	697354

Tel est actuellement l'effectif disponible de l'armée russe pour une guerre en Occident, sans compter les non-combattants et les troupes de place et de garnison.

Autriche.—L'armée mobile autrichienne compte 437 402 h.
Mais ce chiffre se trouve réduit de. 148 000

A. Pour les garnisons et les troupes d'occupation en Italie et en Dalmatie, savoir :

1° Place et province de Vérone.	38 000	
2° Place de Peschiera.	5 000	
3° Place de Mantoue et de Borgoforte. .	7 000	
4° Place de Vienne	5 000	
5° Venise et littoral.	22 500	
6° Trévise	5 000	
7° Trieste et province d'Istrie.	10 000	
8° Frioul	12 500	
9° Dalmatie.	8 000	
B. Pour les troupes en Hongrie et sur les frontières du sud-est..	35 000	
Reste disponible sur l'armée mobile . .		289 402
A ce chiffre il faut ajouter :		
1° Pour la réserve générale.		180 000
2° Pour les troupes de frontières militaires.		100 000
Total disponible pour une guerre étrangère.		569 402

Non compris les troupes de place (artillerie) et de garnison et les non-combattants.

France. — L'armée française présente, en cas de guerre, un effectif mobile de. . . . . 380 000 h.

Dont il faut déduire :

1° Pour l'Algérie	30 000	70 000
2° Pour les garnisons de Paris et Lyon, afin de servir comme points de ralliement aux gardes nationales, environ.	40 000	
Reste.		310 000
Auquel il faut ajouter la réserve générale non organisée de		200 000
Total disponible pour une guerre étrangère.		510 000

Non compris les non-combattants, les trains, les états-majors, les troupes d'administration et les troupes de place et de garnison.

Prusse — L'armée prussienne active compte actuellement.	335 612 h.
Auxquels il faut ajouter pour la landwehr. . .	65 000
Total disponible pour une guerre étrangère.	400 000

Non compris les non-combattants, etc., etc.

Italie. — L'armée italienne compte environ. .	306 000 h.
dont il faut déduire pour le midi de l'Italie. . .	80 000
Reste.	226 000
Si l'on y ajoute la réserve générale de.	100 000
On aura un effectif de	326 000

Non compris les non-combattants, etc.

Les 220 bataillons de garde mobile qui viennent d'être appelés sous les drapeaux dans un but de sûreté publique, constituent un effectif de 111 540 hommes. L'organisation de ce corps ayant été récemment perfectionnée, le gouvernement italien pourra réduire successivement le chiffre des troupes nécessaires à la défense intérieure du pays, et établir des rapports plus étroits entre la garde mobile et l'armée permanente.

Angleterre.—L'armée anglaise présente, par la grande dissémination de ses forces, un système rebelle à tout examen approfondi, et il se modifie d'année en année pour se conformer aux principes financiers qui président à l'établissement du budget de la guerre.

D'après le projet de loi de 1862-63, l'armée anglaise européenne devait se composer de troupes mobiles actives au nombre d'environ 165098 hommes, dont il faut déduire :

Les troupes détachées aux Indes . . .	67404	106084
Les troupes détachées aux colonies . .	38680	
Reste.		59014

Non compris les corps indigènes, les non-combattants, les troupes de place, etc.

Nous ajouterons à ce reste les renforts fournis par les volontaires, formant en première ligne un corps auxiliaire actif de l'armée permanente d'environ 48000 hommes.

Dans le cas d'une invasion, on pourrait encore avoir en seconde ligne :

Dépôts actifs d'infanterie.	21000	27000
Artillerie de siége et de côtes.	6000	
Total.		134014

Enfin, les différentes catégories du ban national, que nous avons classées sous les noms de milices, pensionnaires, volontaires, etc., présentent un ensemble de 200000 combattants non-militaires.

Il est vraisemblable que les corps de volontaires, dont la formation a pris un certain essor dans ces derniers temps, remplaceront à l'avenir, comme auxiliaires du contingent régulier, les légions étrangères que l'Angleterre a eues à son service pendant les dernières guerres.

Avant d'indiquer l'organisation et la formation actuelle des armées actives des six principales puissances de l'Europe, nous croyons devoir présenter un examen comparatif de la proportion établie entre les différentes armes et les diverses catégories de troupes, ainsi que le caractère particulier de chacun des principaux systèmes européens. Nous ne nous occuperons pas, dans cet examen, des troupes qui, affectées à un emploi spécial, ne peuvent être considérées comme disponibles pour une guerre européenne.

Russie. — L'armée russe peut mettre en première ligne, pour une guerre contre l'Europe occidentale :

Troupes régulières.	289 bataillons actifs d'infanterie.	238 203 h.
	216 escadrons de cavalerie . . .	44 016
	108 batteries d'art. de campagne.	41 768
Troupes irrégulières.	222 sotnies (escadr.) de Cosaques.	31 736
	14 batteries.	2 877

Total : 238 203 h. d'infanterie.
75 752 de cavalerie.
44 645 d'artillerie avec 968 pièces.

La proportion entre la cavalerie et l'infanterie est donc de 1/3 ou 1/4 à 1, y compris les Cosaques; mais si l'on ne tient pas compte des troupes irrégulières, le rapport sera de 54 escadrons pour 40 bataillons, ou 280 cavaliers pour 900 fantassins, avec 3 1/2 pièces montées par bataillon d'infanterie, et 4 pièces d'artillerie à cheval par régiment de cavalerie de 800 hommes. L'infanterie russe compte actuellement, en infanterie légère proprement dite, 25 bataillons de tireurs; de plus, les meilleurs tireurs de chaque bataillon d'infanterie, réunis dans une 5e compagnie, forment un 4e bataillon à 3 compagnies dans la ligne, et un 3e bataillon à 2 compagnies dans la garde. Mais à la seule exception d'un tir plus juste, auquel les rendent aptes leurs armes de précision, ces bataillons ne présentent aucunement le caractère d'une troupe légère. Parmi les bataillons d'infanterie, on en compte 96 de tirailleurs armés de fusils rayés et 25 de tireurs proprement dits. Nous ne nous étendrons pas davantage sur la proportion numérique qui existe entre les deux armes, mais nous constaterons un fait inattendu, c'est que l'infanterie légère est mal représentée dans l'armée russe. Cet inconvénient se fait d'autant plus sentir, que les manœuvres d'infanterie manquent en général, en Russie, de souplesse et de cette action indépendante, de cette initiative individuelle qui, de nos jours, se sont introduites dans le mouvement des autres armées.

Il n'en est pas ainsi de la cavalerie. Depuis le licenciement du corps de dragons et des régiments de cuirassiers (excepté les cuirassiers de la garde), cette arme ne comprend plus que de la cavalerie légère. Ainsi, il y a entre la grosse cavalerie et la cavalerie légère une proportion analogue à celle qui existe entre l'infanterie légère et l'infanterie de ligne. A côté des 216 escadrons de cavalerie régulière, se trouvent les 222 escadrons de Cosaques qui, outre leur destination de partisans et de troupes de petite guerre, remplissent le même rôle que les divisions de cavalerie attachées aux corps d'armée. Cette diversité d'emploi est à la fois en harmonie avec leur armement et leur équipement, et avec leur instinct national pour le service de sûreté et d'avant-postes. En distribuant par parties égales les 222 escadrons de Cosaques entre les huit corps actifs de l'armée d'opération, on a environ 28 escadrons par corps, sans compter les 24 escadrons de cavalerie régulière, qui porteraient le nombre des escadrons à 52. On peut encore ajouter à ce nombre 28 escadrons par corps, parce qu'il serait facile, au moyen d'un appel partiel du premier ban, d'élever à 70 000 hommes l'effectif des troupes irrégulières disponibles pour une guerre européenne. On pourrait ainsi affecter à chaque corps d'armée 52 escadrons comme cavalerie de réserve, et fractionner 28 escadrons en petits groupes pour les attacher aux divisions d'infanterie. On voit, d'après ces détails, combien sont nombreuses les troupes irrégulières, et quelle peut être leur importance réelle dans l'armée russe. Ces troupes doivent leurs avantages, d'abord à leur aptitude militaire, ensuite à leur ténacité et à la rapidité de leurs mouvements, qualités essentielles dans les guerres modernes et sur des champs de bataille accidentés.

L'artillerie de campagne russe compte :

48 batteries de 4 grosses pièces de 12 et 4 licornes de 1/2 poud chacune.
19 batteries allégées (de pièces moyennes?), à 8 pièces de 12 chacune.
23 batteries rayées légères, à 8 pièces rayées de 4.

Total. 90

L'artillerie à cheval comprend seulement 18 batteries :

8 batteries de gros calibre, et 8 licornes de 1/2 poud chacune

9 batteries moyennes (dites allégées), de 8 pièces de 12 chacune.
1 batterie rayée légère, de 8 pièces rayées de 4 chacune.

On ne comprend pas dans ce nombre les batteries de Cosaques, qui atteignent le cinquième de la masse entière de l'arme, et sont divisées par portions à peu près égales sous le rapport des calibres. Aujourd'hui l'artillerie s'occupe de changer une partie de son matériel, et cette transformation entraînera nécessairement des changements dans le personnel. Les batteries de Cosaques, destinées à suivre les détachements de cavalerie auxquels elles correspondent, ont subi récemment, quant au matériel, de nombreux perfectionnements, et elles réunissent aujourd'hui la justesse du tir à la souplesse des mouvements.

Autriche. — L'armée autrichienne comprend :

323 bataillons actifs d'infanterie	340 680 h.
193 escadrons de cavalerie.	34 788
120 batteries d'artillerie	48 120

La cavalerie forme ainsi le dixième de l'infanterie, et l'on compte 2 pièces par 1000 hommes d'infanterie, et 6 à 7 pièces d'artillerie à cheval par 1000 hommes de cavalerie (proportion très-forte). Sur les 323 bataillons d'infanterie, 283 sont armés et instruits d'une manière identique. Quoique les régiments des frontières aient cessé depuis quelque temps de faire partie de l'infanterie légère, ils n'en forment pas moins un élément propre au service des reconnaissances par suite des habitudes qu'ils contractent dans leurs contrées. On compte 40 bataillons de chasseurs d'un effectif total de 42 160 hommes, dont l'élite se compose du régiment de chasseurs du Tyrol (8500 hommes). Ainsi la proportion entre l'infanterie de ligne et l'infanterie légère est de 7 à 1. Les principales qualités des troupes légères consistent dans la justesse du tir et dans la spontanéité des mouvements; les hommes qui composent ces corps doivent cette qualité aux usages de leurs pays. Habitués dès l'enfance aux exercices du tir à la cible, ainsi qu'aux mille dangers de la chasse, les Tyroliens et les Dalmates joignent à un corps robuste et endurci par l'air des montagnes, une intelligence naturelle qui élève leur valeur militaire bien au-dessus de celle de la ligne.

La cavalerie autrichienne compte 48 escadrons de grosse cavalerie (cuirassiers) et 145 escadrons de cavalerie légère; les premiers forment par conséquent le quart de l'arme. En licenciant, au mois d'août 1862, les trois régiments de volontaires, on a définitivement renoncé à la création d'une troupe légère d'élite destinée à frapper les coups les plus hardis et à seconder les expéditions les plus importantes. Outre les escadrons dont nous venons de parler, il existe en Autriche une *cavalerie de frontière* (ou des Confins) qui, suivant les circonstances, est réunie ou fractionnée en détachements pour le service de courriers ou d'escortes auprès des quartiers généraux. La cavalerie autrichienne a subi récemment, comme la cavalerie russe, une transformation qui avait pour but d'augmenter la cavalerie légère, à laquelle, d'après les expériences les plus récentes, est réservé le principal rôle dans les batailles. Les deux pays ont mis à profit les ressources naturelles qu'ils possèdent sous ce rapport.

L'artillerie de campagne compte :

En grosse artillerie :

20 batteries de 12.
11 batteries d'obusiers (de 10 centimètres).
31 batteries de gros calibre.

En artillerie légère :

15 batteries de 12.
42 batteries montées.
47 batteries de 6, de cavalerie.

D'après ces données, l'artillerie, dite de cavalerie, forme un tiers de l'artillerie de campagne, tandis que, dans les autres armées, elle n'est guère que du cinquième. L'artillerie montée compte 42 batteries légères et 31 batteries de gros calibre.

France. — L'armée française comprend :

376	bataillons actifs, soit.	277 766 h.
262	escadrons de cavalerie	44 812
136	batteries d'artillerie.	41 691

Ainsi la cavalerie est à peu près égale au cinquième de l'infanterie. Dans une guerre en pays de montagne, cette proportion ne doit pas dépasser le dixième. On compte 2 à 3 pièces par 1000 hommes d'infanterie, et 4 pièces d'artillerie à cheval par 1000 hommes de cavalerie. Les troupes du génie varient du trente-cinquième au quarantième de l'infanterie.

L'infanterie française est celle qui offre le plus haut

degré de perfection dans l'organisation de ses cadres et des divisions. L'infanterie de ligne compte 332 bataillons (242451 hommes), et l'infanterie légère 44 bataillons (35315 hommes). Il y a donc 1 bataillon d'infanterie légère sur 8 bataillons de ligne, ou 1500 hommes environ par division d'infanterie de 9000 hommes, c'est-à-dire 2 bataillons de troupes légères par division. Nous ferons remarquer encore que l'infanterie renferme un élément spécial de force dans les compagnies de voltigeurs (proportion de 1 1/6e), qui, sans recevoir une instruction ou un équipement particulier et plus parfait, sont cependant appelées à agir d'une manière spéciale, à cause de leurs qualités physiques et de leur supériorité morale et intellectuelle. Cette spécialité consiste dans les combats de tirailleurs, l'attaque ou la défense de terrains peu accessibles ou accidentés, la poursuite de l'ennemi, etc.

On comprend dans l'infanterie légère les bataillons de chasseurs à pied, les zouaves et les tirailleurs indigènes. Ces derniers peuvent être considérés comme un modèle d'organisation rationnelle; en eux se manifeste toute la force robuste et primitive de la population africaine. Vaincue et civilisée en même temps par l'heureuse influence de la métropole, cette population est un témoignage du triomphe que la colonisation et le système militaire de la France ont remporté sur le sol africain. Les zouaves ne renferment aujourd'hui aucun élément arabe; ils représentent plutôt le type de ces natures hardies et remuantes qui, avides d'aventures et de dangers, quittent la vie triste et monotone des garnisons pour celle des combats et des privations. Avec un pareil caractère, les zouaves sont rompus à toutes les fatigues, animés d'un élan irrésistible et de cet esprit guerrier qui en font une troupe d'élite.

La cavalerie française comprend trois espèces différentes : la grosse cavalerie, la cavalerie de ligne et la cavalerie légère; mais il n'existe pas de différence bien marquée entre les deux premières, car leur destination est la même.

Cette cavalerie se compose :

De	60	escadrons de grosse cavalerie.
	92	escadrons de cavalerie de ligne.
	110	escadrons de cavalerie légère.
Total. . .	262	escadrons.

Les deux premières comptent 28 248 hommes, et la troisième 21 343 hommes. La proportion est donc comme 7 à 5 entre la grosse cavalerie et la cavalerie légère, proportion qui diffère beaucoup de celle des autres armées. La proportion de la moitié paraît cependant conforme aux idées de Napoléon Ier, qui a proclamé et adopté le principe du fractionnement de la cavalerie en deux parties égales, l'une de grosse cavalerie et l'autre de cavalerie légère. S'il existe une différence entre l'effectif des deux cavaleries, il faut l'attribuer sans doute à ce que la France est privée d'une race de chevaux rapides, privation à laquelle l'Empereur veut remédier par l'introduction des chevaux d'Afrique.

L'artillerie française a traversé la première la phase transitoire entre l'ancien et le nouveau matériel, grâce à l'impulsion que lui ont donnée les dernières guerres. Malgré les nouvelles inventions et les progrès qui se manifestent chaque jour dans la construction des armes à feu, on peut considérer la transformation comme accomplie en France dans ses principales conditions. Quoiqu'il nous soit difficile d'indiquer avec certitude la situation actuelle de l'artillerie de campagne, nous croyons pouvoir affirmer qu'il existe une proportion de 1 à 6 entre les gros calibres et les pièces légères, et qu'un tiers de l'effectif de l'arme est affecté à l'artillerie à cheval. L'artillerie montée a en général quatre fois autant de batteries légères que de batteries de grosses pièces (non compris les 5 batteries de fusées ou de montagne de 4), proportion très-rationnelle si l'on compte 6 batteries d'artillerie légère par corps d'armée de 3 divisions (2 batteries par division), et 2 batteries d'artillerie de réserve. Cette artillerie compte :

Artillerie montée :

22 batteries de canons rayés, gros calibre, de 12 et 10 batteries de réserve.
86 batteries légères rayées de 4.

Artillerie à cheval :

38 batteries rayées de 4.

Prusse.—L'armée prussienne doit comprendre, d'après la réorganisation en cours d'exécution :

253 bataillons actifs	253600 h.
248 escadrons	37560
162 batteries	36396

La cavalerie est dans la proportion d'un septième relativement à l'infanterie, mais 48 escadrons de cette arme se composent de cavalerie de landwehr. Il y a 1 escadron de cavalerie par bataillon d'infanterie, ou 150 chevaux pour 1000 fantassins, avec 2 pièces 1/2 par bataillon et 6 pièces en moyenne pour 1000 cavaliers. Sur le nombre des bataillons, on en compte seulement 37 d'infanterie légère proprement dite; le noyau de ce corps est formé par les 10 bataillons de chasseurs à pied, qui renferment dans leurs cadres une partie du personnel affecté à l'administration des forêts. Ce personnel est composé en grande partie de fils d'anciens agents forestiers, qui, contractant dès leur enfance l'habitude de la chasse et des fatigues, sont les plus aptes au service spécial des troupes légères. Depuis deux ans, on a introduit dans l'organisation de l'infanterie un élément nouveau qui doit tenir le milieu entre l'infanterie de ligne et les chasseurs; ce sont les 9 régiments (27 bataillons) de fusiliers. Ils sont destinés à former un corps d'élite, instruit pour le combat comme pour la lutte individuelle, également habile à l'exercice du tir et au maniement de la baïonnette, rompu aux fatigues de la petite guerre comme aux allures vives et rapides des grandes opérations. D'après la proportion numérique de l'infanterie, il existe seulement deux bataillons légers (chasseurs-fusiliers) par division d'infanterie de

12000 hommes; mais on sait que toute l'infanterie, grâce à son fusil et à l'instruction tactique que comporte cette arme, est parvenue à un degré de perfection tout exceptionnel. Aussi les chasseurs et fusiliers reçoivent une instruction spéciale et méthodique qui les prépare à la guerre de position et d'embuscade, au service des grand'gardes et des reconnaissances.

La cavalerie est partagée en deux parties égales : 124 escadrons de grosse cavalerie et 124 escadrons de cavalerie légère. Aucune armée ne présente des proportions aussi conformes au principe que nous avons énoncé. La landwehr fournit, comme nous l'avons déjà dit, presque le cinquième de la cavalerie. En cas de mobilisation, cette cavalerie de landwehr est réunie en première ligne à la cavalerie active, forme brigade avec elle, et fait partie intégrante de l'armée mobile. Il est difficile de savoir quand ce système sera modifié. D'après le nouveau plan d'organisation, on doit créer 8 régiments (probablement de dragons) pour remplacer les 12 régiments de cavalerie de landwehr maintenus jusqu'à présent. On compterait alors 6 régiments (24 escadrons) par corps d'armée de 28 bataillons, dans lequel la cavalerie légère dépasserait d'un sixième l'effectif de la grosse cavalerie.

L'artillerie prussienne n'a pas encore achevé la transformation de son matériel. La question importante des calibres et du système technique n'est pas encore résolue. Le principe qui a servi de point de départ dans cette grave question, c'était l'emploi exclusif de deux calibres seulement dans l'artillerie de campagne, et, d'après les résultats des derniers essais, il paraît probable qu'on se décidera à composer le matériel de deux tiers de pièces rayées de 6 et d'un tiers de pièces non rayées de 12. L'artillerie à cheval doit également être munie, à l'avenir, de pièces de 12 non rayées.

Ainsi l'artillerie comprendrait :

Artillerie montée :

72 batteries rayées de 6, à 6 pièces chacune.
36 batteries lisses de 12, à 6 pièces chacune.

Artillerie à cheval :

54 batteries non rayées de 12, à 4 pièces chacune.

Angleterre.—En présentant un exposé des éléments des forces actives de la Grande-Bretagne, nous ne nous occuperons que de l'armée disponible pour la défense des trois royaumes, c'est-à-dire de la plus petite moitié de ces forces, car les Indes et les colonies ne pourraient être, par suite de leur situation politique, sans danger dégarnies de troupes.

L'armée anglaise européenne compte :

63 bataillons d'infanterie.	39900 h.
92 escadrons de cavalerie.	10314
30 batteries actives d'artillerie, dont 6 à cheval.	6840

Il y a ainsi une proportion d'un quart à 1 entre la cavalerie et l'infanterie; 3 à 4 pièces par 1000 hommes d'infanterie, et le même nombre de pièces d'artillerie à cheval par 1000 cavaliers.

Dans le système anglais, les armes spéciales ne renferment pas cette variété de formes ou d'applications qu'on rencontre ailleurs. Les 4 bataillons de la *rifle brigade* ont le même armement et le même équipement que le reste de l'infanterie ; les 8 régiments de *dragoon guards*, qui montent des chevaux très-forts et de haute taille, ne diffèrent que par leur monture des 21 régiments légers comprenant toutes les espèces de cavalerie (lanciers, hussards et dragons), distinguées seulement par leur uniforme.

L'artillerie, au contraire, par suite des fréquents changements introduits dans son matériel et de la différence des systèmes suivis dans les rapports entre cette arme et les autres, se trouve dans des conditions exceptionnelles. Ce sont des essais continuels avec un matériel de toute forme et des pièces de tout calibre pour arriver à un ensemble qui permette de satisfaire à tous les besoins de la guerre dans les diverses parties du monde. L'artillerie de campagne comprend trois groupes principaux de batteries (grosses, moyennes et légères), mais on y distingue aussi des batteries de fusées, de montagne, de marine, de colonies, etc., qui donnent à ces unités tactiques un cachet tout particulier et pour ainsi dire un caractère militaire universel. Lorsqu'il s'agit de composer un contingent d'artillerie destiné à faire partie d'une armée d'opération, c'est le but spécial de l'expédition qui décide du mode de formation des batteries actives et de leurs accessoires. A ce point de vue, l'organisation de l'armée anglaise offre une facilité de séparation et de ralliement que l'on ne rencontre guère que dans une troupe ayant une longue durée de service. Aujourd'hui une sorte de concours est ouvert entre les systèmes Amstrong et Whitworth, et les essais nombreux auxquels ce concours donne lieu amènent chaque jour de nouveaux progrès en élargissant le cercle des connaissances théoriques et pratiques. A la fin de l'année 1861, on comptait 800 pièces d'Amstrong de tous calibres en usage, et d'après les derniers succès qu'il a obtenus, le canon Withworth atteindra sans doute bientôt le même chiffre.

Italie. — L'armée italienne, dont l'organisation ne paraît pas encore complétement achevée, comprend aujourd'hui :

378 bataillons.	259980 h.
112 escadrons.	19190
90 batteries	20100

Ce système militaire offre des proportions bien différentes de celles que nous avons remarquées dans les autres armées. Cette circonstance s'explique facilement, d'abord par la situation géographique du pays, et ensuite par les conditions politiques actuelles du nouveau royaume. La cavalerie forme un douzième de l'infanterie ; il y a en moyenne un tiers d'escadron de 50 chevaux par bataillon, ou 6 escadrons (un régiment) de 900 chevaux par division d'infanterie de 18 bataillons. La proportion de l'artillerie est aussi moins forte qu'ailleurs. On compte 1 pièce par bataillon, 1 pièce 1/2 par 1000 fantassins, et 6 pièces à cheval par 1000 hommes de cavalerie. Sur les 378 bataillons, on en compte 42 de troupes légères ; c'est par conséquent un bataillon léger par brigade d'infanterie de 8 à 9 bataillons. Le bataillon de *bersaglieri* se recrute dans une population de montagnards qui au physique dur et robuste joint un esprit vif et énergique. Élevés dans la simplicité de la vie de montagnes, habitués aux fatigues de la chasse, aux privations de toute nature sur les plateaux et dans les vallées des Apennins, où ils font paître leurs troupeaux, ils sont très-aptes à soutenir la guerre dans les terrains accidentés et à donner le change à l'ennemi par leur ténacité dans le combat et la rapidité de leurs mouvements.

A l'exception de 4 régiments de cuirassiers, la cavalerie italienne se compose exclusivement de cavalerie légère. Le pays se trouvant dans une situation peu favorable à l'élève de la race chevaline, le gouvernement a restreint l'effectif de la cavalerie à un chiffre qui est loin d'être en proportion avec celui de l'infanterie. Cependant la guerre de brigands qui, depuis quelque temps, ravage une partie du royaume, a donné l'idée de créer une troupe à cheval, soit de cavalerie active, soit de milice, qui, par son organisation et son équipement, puisse soutenir une lutte de surprise et d'embuscade telle que la comporte la nature du pays.

L'artillerie italienne possède deux espèces de pièces rayées de campagne, destinées à former son nouveau système d'armement, et elle s'occupe de la transformation de l'ancien matériel. Ces deux calibres, canon rayé de 8 et canon rayé de 16, sont répartis dans la proportion de 5 : 1 entre les batteries légères et les batteries lourdes.

L'artillerie montée comprend :

60 batteries rayées de 8 d'artillerie légère.
12 batteries rayées de 16 d'artillerie lourde.

Cette proportion est rationnelle en raison du terrain montagneux qu'offre la surface du pays. On avait le projet, pour l'artillerie à cheval qui compte 18 batteries, d'en composer une partie avec des obusiers courts à canon lisse, et l'autre partie avec les pièces rayées de 8, bien que celles-ci tirent également des grenades cylindro-ogivales de 9 centimètres; mais, d'après les derniers renseignements, l'artillerie à cheval serait exclusivement armée d'obusiers à canon lisse.

Après avoir présenté une esquisse générale des six principales armées de l'Europe, et examiné leurs proportions numériques les plus essentielles, nous jetterons un coup d'œil sur les systèmes adoptés pour la réunion de ces armées en campagne. En général, ces formations se ressemblent beaucoup, et ne présentent de différences que dans le fractionnement des unités tactiques. Cette conformité est la conséquence naturelle de l'identité des principes qui régissent les armées modernes. Un point important sépare cependant les différents systèmes en deux groupes : le premier comprend les armées russe et prussienne; le second, les armées française, anglaise, autrichienne et italienne. Les deux armées du premier groupe, par suite de leur mode d'organisation, sont déjà unies, même en temps de paix, par un lien permanent qui sert à leur donner un esprit d'ensemble et de solidarité. Ce lien constitue en même temps un ordre de bataille fondamental qui sert de base à toute formation nouvelle, et qui permet à chaque fraction de connaître d'avance la place qu'elle occupera au moment de la mobilisation de l'armée. Ce système d'organisation, avec des cadres assez élastiques pour pouvoir être élargis à volonté, a l'avantage de faciliter le passage du pied de paix au pied de guerre. Les armées du second groupe se forment en tout ou en partie, seulement à la veille d'entrer en campagne, et en prévision de l'adversaire qu'elles auront à combattre, ou du terrain sur lequel elles devront opérer. Les institutions différentes des deux groupes nous offrent, dans le premier, une organisation bien réglée sous le rapport de la nature et du nombre des rouages, en laissant une certaine latitude pour la réunion ou la division des forces, et elles nous montrent, dans le second, un système de formation qui varie selon le caractère de la campagne qui va s'ouvrir, et qui se modifie selon les besoins du moment. En plaçant les deux groupes l'un à côté de l'autre, nous trouvons la composition suivante dans les deux systèmes :

PREMIER GROUPE.

A. — RUSSIE, CORPS D'ARMÉE ACTIF.

Pied de paix.	*Pied de guerre.*
3 divisions d'infanterie de 51 bataillons.	3 divisions d'infanterie.
La division a 2 brigades de 2 régiments chacune ; le régiment a 4 bataillons et 1 bataillon de tireurs attaché à la division.	La division est de 17 bataillons, de 4 à 6 régiments de Cosaques, d'une batterie rayée légère, et d'une batterie allégée.

1 division de cavalerie de 27 escadrons.	1 division de cavalerie.
La division a 6 régiments de 6 escadrons chacun.	La division de cavalerie est de 3 brigades à 3 régiments dont un, au moins, de Cosaques.
1 division d'artillerie de 12 à 18 batteries.	1 réserve d'artillerie.
La division a 3 brigades montées de 4 batteries avec une brigade à cheval de 2 batteries.	La réserve d'artillerie a 2 brigades d'artillerie lourde, et la brigade a 3 batteries. Le reste en batteries de Cosaques, de montagne, etc., selon le but spécial.
1 bataillon de sapeurs.	

B. — PRUSSE, CORPS D'ARMÉE ACTIF.

Pied de paix.	*Pied de guerre.*
2 divisions mixtes de 24 bataillons et 8 escadrons.	2 divisions d'infanterie.
La division a 2 brigades d'infanterie et 1 brigade de cavalerie. La brigade d'infanterie a 2 régiments et le régiment compte 3 bataillons. La brigade de cavalerie est de 2 à 3 régiments de 4 escadrons chacun.	La division d'infanterie a 12 bataillons, 1 régiment de cavalerie légère, 2 batteries rayées légères, de 6.
	1 division de cavalerie.
En outre :	La division de cavalerie a 1 brigade de cavalerie légère, 1 brigade de grosse cavalerie, chacune de 2 régiments ou 8 escadrons, et 2 batteries à cheval de 4 pièces chacune.
1 régiment de fusiliers.	
1 bataillon de chasseurs.	
1 brigade d'artillerie.	Réserve d'artillerie.
1 bataillon du génie.	La réserve d'artillerie a 3 divisions dont 2 montées et 1 à cheval. La division montée a 2 batteries rayées de 6 et 2 batteries lisses de 12 à 6 pièces chacune. La division à cheval a 4 batteries lisses de 8 à 12 pièces chacune.

DEUXIÈME GROUPE.

CORPS D'ARMÉE ACTIF. — PIED DE GUERRE.

FRANCE.	AUTRICHE.
2 à 3 divisions d'infanterie.	2 à 3 divisions d'infanterie.
La division d'infanterie a 2 brigades de 2 régiments chacune, 1 bataillon de chasseurs ou 13 bataillons, 2 batteries de canons rayés de 4.	La division d'infanterie a 2 brigades de 2 régiments chacune (de 3 bataillons), et 2 bataillons de chasseurs, 2 à 4 escadrons de cavalerie légère, 1 batterie légère de 6, montée ou à cheval.
1 division de cavalerie.	1 division de cavalerie.
La division de cavalerie a 2 brigades de 2 régiments chacune (16 escadrons) et 1 batterie à cheval.	La division de cavalerie a 2 brigades de 2 régiments de 4 à 5 escadrons (18 escadrons en moy.) et 2 batteries à cheval.
1 réserve d'artillerie.	1 réserve d'artillerie.
La réserve d'artillerie a 2 batteries rayées de 12, 2 batteries de pièces rayées à cheval, et 1 batterie de fusées ou de montagne.	La réserve d'artillerie n'a pas une composition fixe.

ITALIE.

2 à 4 divisions d'infanterie.
1 brigade de cavalerie.
1 réserve d'artillerie.

La division d'infanterie a 2 brigades de 2 régiments (de 4 bataillons), 2 bataillons de bersaglieri (en tout 18 bataillons) et 2 batteries de canons rayés de 8.

La brigade de cavalerie a 2 régiments de cavalerie légère ou de grosse cavalerie (de 6 escadrons chacun), 1 batterie à cheval.

La réserve d'artillerie a 1 batterie rayée de 8, 1 de 10, 1 batterie à cheval et 1 de montagne ou de fusées.

Nous terminerons cette étude par des indications sur l'esprit et la forme spéciale de chacune de ces organisations. Nous avons déjà constaté que les différences numériques les plus grandes existent entre les armées anglaise et russe, tandis que celles des autres puissances se trouvent sur un pied bien plus rapproché. Les systèmes militaires de ces deux premiers États sont, de plus, d'une nature très-opposée, tant par la forme que par l'esprit de leurs institutions. En Russie, nous voyons une armée permanente d'un effectif imposant, composée des meilleurs éléments de la population rurale. Cette armée, recrutée au moyen de la conscription, joint à la force physique la vigueur que comporte le caractère autocratique de son organisation. Les différentes portions de l'armée réunies en permanence par groupes nombreux, disposés suivant l'ordre stratégique sur tout le territoire, représentent de petites armées indépendantes, dans lesquelles la civilisation et les mœurs de l'Occident se confondent avec la simplicité et le fanatisme de l'Orient. Il y a quelques années, l'armée russe avait fort peu de sympathie pour le système militaire des autres puissances de l'Europe ; mettant une confiance entière dans la supériorité de son nombre, elle restait sous ce rapport dans un isolement complet. Cet isolement a cessé depuis les dernières grandes guerres qui sont venues troubler son repos. L'impulsion partie de la France, qui a poussé toutes les armées vers le progrès, a pénétré également dans les rangs de l'armée russe, et y produit un certain mouvement intellectuel. Aujourd'hui, cette armée s'occupe, non-seulement de changer ses bases et ses institutions organiques; elle s'engage en outre dans une voie de réformes de plus en plus caractérisées. Ces tendances progressives ont incontestablement pour but de réunir toutes les forces militaires du pays dans une organisation solide susceptible d'élever les individus à un plus haut degré de dignité morale, afin d'être en état de conserver la position menaçante et offensive qu'une politique traditionnelle impose au vaste empire de Russie.

Le système militaire de l'Angleterre est d'une nature diamétralement opposée à celui de la Russie; son trait caractéristique est la défensive basée sur la position insulaire, naturellement forte de ce pays. Au lieu d'une armée recrutée par la voie de la conscription, on ne voit là qu'un ensemble d'éléments hétérogènes qui, sans manquer d'esprit militaire, ne possèdent pas cette cohésion qui doit unir les parties principales d'une armée en campagne. L'Angleterre ne possède en réalité qu'une armée de mercenaires, qui, tout en coûtant fort cher, ne pourrait rivaliser avec celle d'une puissance de second ordre, dans l'impossibilité où elle se trouve d'affecter plus de la moitié de son effectif à une guerre européenne. Soutenus par cette armée, les volontaires forment le noyau de la défense intérieure du sol britannique, mais répandus, par suite de leur mauvaise organisation, sur toute la surface du Royaume-Uni, ils n'ont aucune habitude de la vie et de la discipline militaires, et manquent d'ailleurs complétement de chefs habiles et aguerris pour les commander. S'il est vrai que la question d'invasion, si vivement agitée dans ces derniers temps, ait exercé une influence salutaire sur l'organisation militaire actuelle de l'empire britannique, en rendant le peuple plus habile au maniement des armes, plus disposé à supporter les fatigues et les privations de la guerre, on n'en peut pas moins constater que la conviction même de l'insuffisance de ses moyens de défense n'est pas assez forte pour engager l'Angleterre à modifier les bases du système établi.

Relativement aux trois grandes armées de l'Europe centrale, nous dirons que la France nous paraît être, pour ainsi dire, une puissance d'artillerie, l'Autriche une puissance de cavalerie, et la Prusse une puissance d'infanterie.

L'artillerie est l'arme spéciale, l'arme favorite des Napoléons; en elle se continuent les traditions d'une grande époque d'impérissable mémoire. Choyée par le souverain, elle puise dans ses rapports intimes avec ce chef de l'État cette force militaire et cet esprit scientifique qui en font un corps vraiment d'élite.

La cavalerie est l'arme aristocratique par excellence; c'est la troupe favorite d'une organisation politique féodale; c'est le trait saillant qui caractérise le système de la grande propriété foncière.

L'infanterie est l'arme la plus nationale, et pour ainsi dire la plus démocratique, parce qu'elle représente naturellement la force guerrière d'une nation. L'état politique de la Prusse est fondé sur des institutions militaires qui ont laissé le champ libre au développement de cette force. C'est à ces institutions que la Prusse doit la perfection morale de sa constitution militaire, constitution qui donne à son armée une homogénéité qui n'existe nulle part ailleurs au même degré.

La jeune armée italienne renferme des éléments très-divers, et les liens qui les unissent manquent encore de force et de solidité. Organisé d'après le modèle de l'armée française et appuyé sur celle-ci, le système militaire du nouveau royaume italien tend incontestablement à retrouver son indépendance, à rétablir son originalité. En se consolidant à l'intérieur comme à l'extérieur, cette armée, si peu homogène encore, cherche à s'organiser définitivement, ainsi qu'à s'assimiler et à fusionner les diverses fractions encore hostiles d'un peuple si longtemps divisé par la politique, par les mœurs et peut-être par les intérêts.

Si nous nous sommes attaché, dans les développements qui précèdent, à examiner la proportion établie entre les éléments principaux des grandes armées, à étudier l'engencement des différentes espèces de troupes, et les rapports numériques des diverses armes, il ne serait pas sans intérêt actuel de jeter encore un coup d'œil sur la formation et la répartition des forces actives, dont nous venons d'exposer l'organisation. Un aperçu rapide du total des armées mobiles disponibles pour une guerre européenne, nous fera donc connaître la composition et la distribution générale de ces armées; nous n'aurons pas à étendre cette étude sur l'armée française, qui est suffisamment connue. Notre but étant de mettre en lumière l'effectif des vrais combattants, nous ne tiendrons compte ni des corps immobiles (troupes de garnison, de place, de dépôts, etc.), ni des trains et des services ou corps accessoires.

I. — ARMÉE RUSSE.

Depuis un an, les troupes qui composent l'armée européenne de Russie, sont réparties en quatre divisions territoriales et en quatre corps d'armée actifs, constitués d'après les principes que nous avons indiqués. Cette organisation présente le double avantage d'assurer à l'action militaire l'énergie et la promptitude nécessaires, en laissant toute latitude à l'initiative des chefs, en permettant de rallier et de diviser les troupes selon le besoin du moment, et en simplifiant les fonctions des différentes autorités, et le mécanisme des rouages administratifs.

Les troubles qui ont éclaté récemment en Pologne, de même que les armements de la Russie contre la Suède, ont fait apporter certains changements dans la position stratégique de l'empire du Nord, et c'est à ces circonstances qu'il faut les attribuer. L'ukase du 6 juillet 1862 a introduit dans l'ordre de bataille de l'armée russe des modifications dont nous allons donner un compte rendu aussi précis et aussi complet que possible.

On doit entendre par corps d'armée actifs de l'armée de campagne : le corps de la garde, le corps des grenadiers, le 4e et le 6e corps d'armée. Le corps de la garde se compose de trois divisions d'infanterie, de deux divisions de cavalerie, et d'une division d'artillerie; une division d'infanterie comprend 4 régiments de 2 bataillons chacun, et 1 bataillon de chasseurs; une division de cavalerie comprend 6 régiments de 6 escadrons chacun ; la division d'artillerie de la garde compte 3 brigades à pied, correspondant aux trois divisions d'infanterie, et 1 brigade à cheval, en tout 9 batteries à pied et 5 à cheval.

Le corps qui est en garnison à Saint-Pétersbourg et dans les environs, a détaché récemment : deux divisions d'infanterie, 6 régiments de cavalerie, et 1 brigade d'artillerie à pied; ces forces se trouvent dans les provinces de l'Ouest. Il ne présente donc qu'un reste disponible de 10 bataillons, 24 escadrons et 11 batteries : 18 366 hommes (pied de guerre).

Le corps des grenadiers comprend le même chiffre de troupes d'infanterie, mais il ne compte qu'une division de cavalerie de 6 régiments (2 de dragons, 2 de hussards, 2 de hulans), et une division d'artillerie seulement, avec 9 batteries à pied et 2 batteries à cheval.

Le corps des grenadiers, mobilisé en ce moment, a envoyé deux divisions d'infanterie en Lithuanie et en Pologne; il n'y a donc plus de disponibles que 10 bataillons, 24 escadrons et 4 batteries, en tout : 16 481 hommes en garnison à Saint-Pétersbourg.

Les 4e et 6e corps d'armée (dits 1er et 2e corps de reserve) qu'on n'a pas encore mis sur le pied de guerre, sont encore intacts et se trouvent, l'un dans le gouvernement de Moscou, et l'autre dans le midi de la Russie dans leurs garnisons de paix.

Chacun de ces deux corps d'armée comprend trois divisions d'infanterie de 4 régiments et 1 bataillon de chasseurs (le régiment compte 3 bataillons), puis une division de cavalerie, forte de 6 régiments de 4 escadrons, et 1 brigade d'artillerie, composée de 3 brigades à pied et 1 à cheval, en tout 12 batteries à pied et 2 batteries à cheval. Chaque corps comprend en outre 1 bataillon de sapeurs. Mis sur le pied de guerre, le 4e et le 6e corps présenteraient un effectif de 73 700 hommes (36 850 hommes par corps d'armée), en y comprenant les trains d'artillerie, qui forment 3 parcs mobiles et 1 parc volant par division.

Après avoir ainsi passé en revue les portions de l'armée active qui peuvent être regardées, par suite de leur position sur le territoire de l'empire, comme la seconde ligne d'une armée destinée aux opérations contre l'Occident, nous avons à examiner l'organisation des divisions territoriales militaires, et à en indiquer les états numériques jusqu'au mois de juillet 1862. Les 1er, 2e et 3e corps d'armée de l'armée russe étaient réunis en une armée particulière, dite première armée. Le commandement général était établi à Varsovie, et disposait entièrement, et sous tous les rapports, de cette force. Ce commandement supérieur a été remplacé par l'administration générale des troupes dans le royaume de Pologne; on a dissous en même temps les états-majors des corps, et l'on a réparti les troupes qui en faisaient partie en trois arrondissements, ayant chacun un chef indépendant. Les quartiers généraux de ces arrondissements militaires sont établis à Varsovie, à Vilna et à Kiew.

L'arrondissement ou le cercle de Varsovie, qui est le plus vaste et le plus important, comprend actuellement les 2e, 4e, 5e, 6e et 7e divisions d'infanterie, plus 1 régiment d'infanterie et 1 bataillon de chasseurs. La cavalerie se compose d'une division combinée, forte de 6 régiments, et l'artillerie d'une division complète, forte de 14 batteries, dont 12 à pied, en outre de 2 brigades à pied avec 8 batteries. A ces corps il faut encore ajouter : une division d'infanterie de la garde, une division de grenadiers, 6 régiments de cavalerie de la garde et 3 bataillons de sapeurs ; de sorte qu'on peut évaluer l'effectif total des troupes régulières, concentrées présentement dans ce cercle, à 78 bataillons, 48 escadrons et 22 batteries, ensemble : 95 307 hommes. Les troupes irrégulières, qui se trouvaient au mois de mars dans le royaume de Pologne, comptent 7 régiments de Cosaques du Don, de 6 sotnies (escadrons) chacun, 1 régiment de cavalerie du Caucase, et 1 régiment de Circassiens, avec 3 batteries volantes ; en tout, environ 8000 hommes. Pour augmenter le chiffre de la cavalerie légère, le gouvernement a jugé à propos d'y diriger encore 6 régiments de cosaques avec 2 batteries; en tout 4 à 5 000 hommes. Ainsi l'armée mobile russe réunie dans le cercle de Varsovie, se monterait à près de 108 000 combattants avec 210 pièces; chiffre qui, dans la pratique, se réduit à 80 ou 90 000 hommes.

Le cercle militaire de Vilna, qui embrasse les provinces baltiques, comprenait, au commencement des troubles, deux divisions d'infanterie fortes de 25 bataillons, ou 22 847 hommes, 4 régiments de cavalerie avec 3344 hommes ; une division d'artillerie, moins 1 brigade à pied et 1 batterie à cheval, c'est-à-dire 9 batteries actives, présentant un effectif de 2489 hommes, avec 72 pièces ; de sorte que le total des troupes stationnées dans cette contrée limitrophe du théâtre de la guerre, se monte à 28 680 hommes. Au mois de février ce chiffre fut augmenté d'une dizaine de mille combattants à peu près, que fournissaient une division d'infanterie et une brigade d'artillerie à pied de la garde.

Le cercle de Kiew, dont les troupes ont été dirigées dernièrement en partie sur les frontières du royaume de Pologne, comptait, à la même époque, un effectif de deux divisions d'infanterie (les 8e et 9e), une division et une brigade de cavalerie et 9 batteries d'artillerie, dont 1 à cheval, en tout 26 bataillons, 32 escadrons et 9 batteries ou 32 856 hommes.

En ajoutant la moitié seulement des forces actives réparties dans les deux cercles de Vilna et de Kiew, au nombre des troupes employées à combattre l'insurrection, maximum disponible, si l'on tient compte de la nécessité de mettre les places fortes et les établissements militaires à l'abri d'un coup de main, on peut évaluer l'effectif de l'armée russe agissant en Pologne à 125 ou 130 000 soldats.

Le cercle d'Odessa enfin qui, par rapport au commandement des troupes actives, a remplacé l'ancien 5e corps d'armée, a conservé son organisation antérieure ; c'est donc encore une petite armée particulière que nous trouvons sur ce point de l'empire, armée qui, par sa composition, diffère de celle des deux corps de réserve que nous avons caractérisés, en ce qu'elle est maintenue sur un pied plus imposant, tant pour le personnel que pour le matériel. Le cercle d'Odessa compte : trois divisions d'infanterie (les 13e, 14e, 15e), en tout : 39 bataillons, ensuite les 5es divisions de cavalerie et d'artillerie avec le 5e bataillon de sapeurs. Le total s'élève à 46 648 hommes, avec 112 pièces, y compris le train d'artillerie. Aux troupes régulières, il faut ajouter 2 régiments de cosaques d'Azow, 1 régiment de cosaques de la Nouvelle-Russie et 27 régiments de cosaques du Don, avec 11 batteries de campagne, le régiment composé de 5 à 6 sotnies ou escadrons de 120 à 140 hommes chacun ; la batterie compte 8 pièces, ce qui produit un total de 27 à 28 000 hommes environ. Il est cependant nécessaire de faire observer que ces corps, placés pour la plupart sous les ordres du gouverneur général de la Nouvelle-Russie et de la Bessarabie, font, à tour de rôle, le service le long des frontières de la Turquie, ainsi que dans les villes de cette région de l'empire, de sorte qu'ils doivent être remplacés par de nouveaux contingents appelés sous les armes, avant de pouvoir être incorporés dans une armée occidentale.

Passons en revue maintenant les éléments dont se compose l'armée russe. En faisant abstraction des différences de l'organisation intérieure des régiments des divers corps, ou du moins en nous bornant à en indiquer sommairement les résultats numériques, nous obtenons le tableau qui suit du nombre des combattants :

24 régiments de 2 bataillons chacun, 38 268 hommes. (Le bataillon compte 800 hommes en moyenne.)

24 régiments de 3 bataillons chacun, 46 296 hommes. (Le bataillon compte 643 hommes en moyenne.)

48 régiments de 3 bataillons chacun, 131 904 hommes. (Le bataillon compte 916 hommes en moyenne.)

De plus, 25 bataillons de chasseurs, 15 534 hommes. (Le bataillon compte 886 hommes en moyenne.)

En tout : 238 203 hommes (pied de guerre).

A l'infanterie se joignent 54 régiments de cavalerie, soit 44 016 hommes, et huit divisions d'artillerie, 41 768 hommes, avec 8 bataillons de sapeurs comptant 5981 hommes, non compris les équipages de pont. Derrière cette armée se place, en seconde ligne, une organisation auxiliaire appelée la *réserve*.

L'armée de réserve se compose, conformément aux données antérieures, de 72 régiments d'infanterie de 3 bataillons chacun (233 064 hommes), plus, de 6 bataillons de chasseurs de 3 compagnies (6462 hommes); puis de 42 régiments de cavalerie (40 362 hommes) et de 20 brigades d'artillerie, dont 1 de la garde, 1 de grenadiers et 18 de la ligne. La brigade se compose de 2 batteries de grosses pièces, de 1 batterie rayée légère et de 1 batterie dite allégée; à l'exception des brigades de la garde et de grenadiers, qui n'ont pas de batterie rayée.

Ces 20 brigades constituent un ensemble de 78 batteries (20850 hommes); leur armement consiste en 4 pièces de 12 et 4 licornes de 1/2 poud par batterie lourde, en 8 pièces de 12 par batterie allégée, en 8 pièces rayées de 4 par batterie légère. Il n'y a pas de batteries de réserve mobile dans l'artillerie à cheval.

Les réserves comptent aussi des troupes du génie. Ces troupes se composent de 2 compagnies (1 de la garde et 1 de grenadiers), de 260 hommes chacune, et de 6 bataillons de 1041 hommes chacun, en tout 6 bataillons et demi ou 6766 hommes. La formation active de la réserve correspond à l'ancienne division de l'armée en six corps, de sorte que lorsqu'ils sont appelés sous les drapeaux, les bataillons et les escadrons de réserve se réunissent en brigades, divisions et corps d'armée, conformément à l'ordre de bataille d'autrefois. Ainsi le premier corps de réserve comprend : les 1re, 2e et 3e divisions de réserve de l'infanterie, la 1re division de réserve de la cavalerie, les 1re, 2e, 3e brigades d'artillerie de réserve, et le 1er bataillon de réserve des sapeurs, et présente un total de 37 bataillons, 24 escadrons, 4 batteries et 1 bataillon de sapeurs, en tout environ : 47793 combattants, avec 32 pièces.

Il en est de même de la composition et de la force des cinq autres corps, tandis que les réserves de la garde et des grenadiers ne peuvent figurer sur ce tableau, puisqu'ils ne forment que des cadres de dépôt, et ne concourent pas aux opérations de guerre.

Parmi les armées détachées que la Russie entretient

sur les points les plus opposés de ses frontières, c'est l'armée du Caucase qui joue le rôle le plus important. Elle n'est pas organisée en corps actifs, mais fractionnée suivant les cercles militaires territoriaux qui composent le gouvernement du Caucase. Chaque cercle (il y en a cinq) est occupé par une division d'infanterie, à laquelle sont attachés 1 régiment de dragons de 6 escadrons, et 1 brigade d'artillerie à pied. Il y a, en outre, un certain nombre de troupes locales, et de nombreux détachements de Cosaques et de Circassiens dans chaque cercle. Les cadres de l'armée du Caucase sont bien plus nombreux que ceux de l'armée opérant en Europe, la composition des corps opérant en Asie étant assujettie à des conditions imposées par la nature du pays et par le caractère de la lutte. A la fin de l'année 1862, elle comprenait un ensemble de 121 bataillons (37 bataillons indigènes inclus), soit 129 628 hommes, 24 escadrons de dragons ou 4228 hommes, 16 batteries ou 4226 hommes, et 2 bataillons du génie comptant 2100 hommes, en tout 140 182 hommes avec 160 pièces. A ces chiffres s'ajoutent encore 55 000 hommes de troupes irrégulières, parmi lesquels nous mentionnerons les 25 régiments de cosaques du Kouban de 650 hommes chacun, les 10 régiments de cosaques du Ferek, puis les régiments irréguliers des milices du Daghestan, de la garde provinciale de Transcaucasie, etc.

II. — ARMÉE AUTRICHIENNE.

L'armée autrichienne compte actuellement 80 régiments d'infanterie de 3 bataillons de 6 compagnies chacun, et 14 régiments et 1 bataillon des confins ayant la même composition. Un régiment de ligne compte 3151 hommes, un régiment des confins : 3240 soldats sur le pied de guerre. Les troupes d'infanterie légère se divisent en deux parties : les chasseurs du Tyrol et les chasseurs à pied de la ligne ; les premiers forment un régiment de 8 bataillons, fort de 8432 hommes ; les seconds sont organisés en 32 bataillons de 6 compagnies, avec un effectif de 1054 soldats par bataillon.

La cavalerie compte 12 régiments de cuirassiers à 4 escadrons de guerre, puis 2 régiments de dragons, 14 de hussards et 13 de hulans de 5 escadrons chacun. Un régiment de grosse cavalerie (cuirassiers) comprend un effectif de 724 hommes ; 1 régiment de cavalerie légère, un total de 900 hommes sur le pied de guerre.

L'artillerie autrichienne est divisée en trois parties, savoir :

1° 9 régiments, à 10 batteries chacun, destinés pour les divisions actives, et composés à cet effet chacun de 3 batteries de 6, 1 batterie légère de 12, 2 batteries ordinaires de 12, 1 batterie d'obusiers longs, et de 3 batteries dites de cavalerie.

Ces 90 batteries constituent un effectif de 33894 hommes, avec 720 pièces.

2° 2 régiments de 10 batteries chacun, destinés à la formation des réserves centrales d'artillerie et fractionnés en 2 batteries légères, 1 batterie ordinaire de 12, une batterie d'obusiers longs, et en 6 batteries de cavalerie, en tout 20 batteries avec 160 pièces et 7532 combattants.

3° 1 régiment de 10 batteries, destiné à être réparti entre les corps de cavalerie, et subdivisé en : 2 batteries légères et 8 batteries de cavalerie. Ce régiment compte 3766 hommes et 80 pièces.

Ajoutons à ce nombre le régiment d'artillerie à fusées de 16 compagnies, avec 2920 hommes.

Le génie autrichien est divisé en pontonniers et en mineurs-sapeurs. Les 6 bataillons de pionniers comprennent les uns, les deux régiments du génie comprennent les autres. Les pontonniers présentent un total de 7452 hommes sur le pied de guerre ; les mineurs, 4 bataillons de 6 compagnies, comptent 6362 hommes; soit en tout 13 814 combattants pour le génie.

Le commandement supérieur de l'armée autrichienne forme le sommet d'un système mixte de division tactique et d'administration territoriale. Sous le rapport tactique, une partie de l'armée est subdivisée en 7 corps ; sous le rapport administratif, le territoire de l'empire est divisé en 10 arrondissements militaires. Les 7 corps sont répartis entre 5 de ces arrondissements ; les autres troupes stationnent dans les autres arrondissements, sans être réunies entre elles par un lien tactique permanent.

Le général qui commande en chef les troupes d'un

arrondissement est en même temps le chef de l'administration de la circonscription territoriale militaire correspondante ; cette organisation répond aux conditions stratégiques qui caractérisent la position militaire de l'Autriche. Pour donner une vue d'ensemble de l'ordre dans lequel sont disposées les forces de l'armée active, nous allons mettre sous les yeux du lecteur le tableau suivant :

a. — CORPS D'ARMÉE ACTIFS QUI CONSTITUENT EN MÊME TEMPS DES ARRONDISSEMENTS MILITAIRES.

1er *corps*. Cantonné en Bohême; quartier général : Prague. Effectif 21 bataillons, 20 escadrons, 20 batteries, avec 27000 hommes, pied de paix actuel.

2e *corps*. Cantonné dans l'archiduché d'Autriche, en Salzbourg et Styrie; quartier général : Vienne. Effectif actuel : 33 bataillons, 23 escadrons, 20 batteries, en tout 36000 hommes.

4e *corps*. Cantonné en Silésie et en Moravie; quartier général : Brünn. Effectif 14 bataillons, 15 escadrons, 10 batteries, 18000 hommes sous les armes.

Les 3e, 5e, 7e et 8e corps d'armée forment l'armée active en Vénétie, en Carinthie, en Carniole, en Istrie et en Tyrol; quartier général : Vérone.

Total des forces de cette armée (4 corps) 131 bataillons, 20 escadrons, 40 batteries et 7 bataillons du génie, en moyenne 100000 hommes.

b. — COMMANDEMENTS TERRITORIAUX MILITAIRES QUI CORRESPONDENT AVEC LA DIVISION POLITIQUE DE L'EMPIRE.

1. Commandement militaire de Gallicie et de Buckovine; quartier général : Lemberg; 13 bataillons, 20 escadrons et 10 batteries, soit 30 000 hommes.

2. Commandement militaire de Dalmatie; quartier général : Zara ; 7 bataillons et de nombreux détachements d'infanterie de frontière, 8000 hommes.

3. Commandement militaire de Hongrie; quartier général: Ofen ou Bude-Pesth ; 39 bataillons, 75 escadrons, 20 batteries, 72 000 hommes.

4. Commandement militaire de Transylvanie; quartier général : Hermanstadt; 8 bataillons, 10 escadrons, 4000 hommes.

5. Confins militaires; arrondissement de la Croatie : 11 régiments et 1 bataillon.

Arrondissement du Banat : 2 régiments des frontières ou des confins, 1 régiment de ligne, 10 escadrons de hulans. En tout 25 000 hommes.

Il est inutile de dire que les corps actifs, de même que les troupes réparties entre les arrondissements militaires, sont composés de divisions et de brigades; mais ces divisions n'étant pas permanentes, il est difficile d'en indiquer la composition.

III. — ARMÉE PRUSSIENNE.

L'armée prussienne est la seule qui présente une organisation militaire basée sur des principes inflexibles, dont on ne peut dévier sans altérer l'ensemble de son organisme. Établie d'après des formes pour ainsi dire stéréotypées, elle est en rapport étroit avec l'organisation politique et administrative du royaume. Cette armée comprend en temps de guerre, en première ligne, 9 régiments d'infanterie et 2 bataillons de chasseurs de la garde, et 72 régiments de ligne avec 8 bataillons de chasseurs. Un régiment compte 3032 hommes; un bataillon de chasseurs, 1006 soldats. Tout régiment d'infanterie est divisé en 3 bataillons, tout bataillon, en 4 compagnies. La cavalerie se compose de 8 régiments de la garde et de 40 régiments de ligne. A l'exception de 8 régiments, les autres comptent 4 escadrons, ensemble, 606 hommes sur le pied de guerre. Les 8 régiments en question comptent 5 escadrons (les 5es escadrons doivent servir de cadres pour les 8 régiments qui restent à créer), et sont d'un effectif de 756 cavaliers. Les 12 régiments de cavalerie de landwehr, étant formés d'après les mêmes bases, le chiffre total de la cavalerie se monte à 37 569 hommes. L'artillerie se compose de 9 brigades dont 1 de la garde, et 8 de ligne. Chaque brigade embrasse 3 divisions d'artillerie à pied montée, et 1 d'artillerie à cheval, plus 1 division à pied non montée, qui ne compte cependant pas dans ce calcul, puisqu'elle ne fait pas partie de l'armée de campagne. On pense que la nouvelle organisation de l'artillerie, qui n'est encore qu'à l'état de projet, donnerait à toute division à pied 3 batteries rayées de 6 et 1 batterie de 12 non rayée, de plus aux divisions d'artillerie à cheval formées de 6 batteries de 12 non rayées, de sorte qu'une brigade présenterait la composition suivante :

9 batteries de 6 pièces rayées de 6 .. 3 batteries de 6 pièces de 12.	d'artillerie à pied.
6 batteries de 4 pièces de 12. . . .	d'artillerie à cheval.

D'après l'organisation en vigueur, toute division à pied se compose d'une batterie de 12, d'une batterie rayée de 6 et d'une batterie d'obusiers courts, fortes en tout de 626 hommes. La division à cheval compte 3 batteries de pièces de 6 non rayées et 578 hommes. A chaque brigade est attachée une division du train d'artillerie, d'un effectif de 1572 hommes, de sorte que la partie mobile d'une brigade forme un total de 4044 combattants avec 96 pièces.

Le génie est organisé en 9 bataillons de 4 compagnies. La première compagnie se compose de pontonniers, la deuxième de mineurs, et les deux autres de sapeurs. Tout bataillon a un effectif de 672 hommes, non compris les équipages de pont. Le chiffre des troupes que la Prusse pourrait mettre en campagne, au premier signal, comprendrait donc 335612 hommes avec 864 pièces. Cette force est soutenue, en seconde ligne, par l'infanterie de la landwehr qui la complète, et se joint à elle selon les nécessités de la situation. Le premier ban de la landwehr, que nous pouvons seul porter en compte ici (le deuxième étant exclusivement affecté à l'occupation des places fortes et des établissements militaires), forme 36 régiments et 8 bataillons (116 bataillons avec 118784 hommes) prêts à se confondre avec l'armée permanente.

L'armée prussienne est organisée en neuf corps actifs dont un de la garde et huit de ligne ; ils sont distribués dans les huit provinces du royaume de manière à en former la garnison permanente. Ainsi le général commandant le corps est en même temps le gouverneur militaire de la province, c'est-à-dire que les grandes divisions de l'armée correspondent aux grandes circonscriptions territoriales.

Un corps se compose de deux divisions actives, chacune de deux brigades d'infanterie et d'une brigade de cavalerie. Les brigades comptent deux régiments. Sont en outre attachés à un corps d'armée : 1 bataillon de chasseurs, 1 bataillon de génie et une brigade d'artillerie.

Le corps de la garde royale a une formation différente : il compte deux divisions composées exclusivement d'infanterie, et une division de cavalerie.

Voici la distribution des corps :

1er corps d'armée : province de Prusse, quartier général, Kœnigsberg.

2e corps d'armée : province de Poméranie, quartier général, Stettin.

3e corps d'armée : province de Brandebourg, quartier général, Berlin.

4e corps d'armée : province de Saxe, quartier général, Magdebourg.

5e corps d'armée : province de Posnanie, quartier général, Posen.

6e corps d'armée : province de Silésie, quartier général, Breslau.

7e corps d'armée : province de Westphalie, quartier général, Münster.

8e corps d'armée : province du Rhin, quartier genéral, Coblentz.

La composition des corps étant parfaitement identique, leur effectif l'est aussi sur le pied de guerre. On peut donc évaluer la force active des combattants d'un corps en moyenne à 35000 hommes, un régiment d'infanterie, par corps, étant en garnison dans la forteresse la plus importante de la province. Mais à ces troupes se joignent encore 13 bataillons de landwehr, c'est-à-dire 13 000 combattants environ.

Le lien organique qui réunit ainsi les troupes étant permanent, les chefs connaissent leurs subordonnés; de plus, les officiers et soldats ayant l'habitude des corps et des divisions dont ils font partie, les rouages fonctionnent facilement au moment du besoin. Il est vrai que ce système laisse peu de liberté pour le choix des capitaines et pour la composition des armées.

IV. — ARMÉE ITALIENNE.

L'armée italienne a presque triplé l'effectif de l'ancienne armée sarde, tant en infanterie qu'en cavalerie et en artillerie; elle présente actuellement les cadres suivants, savoir :

Infanterie : 8 régiments de grenadiers, de 4 bataillons à 4 compagnies chacun, et 76 régiments d'infanterie de ligne de la même composition; un régiment d'infanterie à 2786 hommes. L'infanterie comprend en outre 42 bataillons de chasseurs dits Bersaglieri, qui comptent ensemble 25 956 hommes.

Cavalerie : 4 régiments de ligne de 6 escadrons chacun, soit 3972 hommes (993 cavaliers par régiment); 20 régiments de cavalerie légère, dont 10 de hulans et 10 de chevau-légers, de 4 escadrons chacun, soit 13 840 hommes. Les 2 régiments de guides ne sont pas compris dans ce calcul, à cause de leur destination particulière que nous expliquerons plus loin.

Artillerie, train et génie. Les 6 régiments d'artillerie mobile comprennent chacun 15 batteries, dont 3 à cheval et 12 à pied. Les batteries à pied se divisaient, à la fin de 1862, d'après le calibre de leurs pièces, en 10 batteries de 8 et en 2 batteries de 16 (matériel mixte). La batterie légère comptait 6 pièces, et 196 canonniers, et la batterie de gros calibre 6 pièces également et 220 canonniers. L'artillerie à cheval, dont nous ne pouvons indiquer exactement l'armement, cette troupe ayant changé récemment le calibre de ses pièces, compte 200 combattants par batterie, de sorte qu'un régiment réunit 15 batteries ou environ 3000 combattants et 90 pièces, non compris le train de l'artillerie. Le régiment des pontonniers d'artillerie organisé presque sur le même pied que celui de l'armée française (10 compagnies ou 2100 hommes), doit être ajouté à ce chiffre, ce qui porte l'effectif de l'arme entière à 20100 hommes, avec 540 pièces. Le génie est divisé en deux régiments de sapeurs, composé chacun de 3 bataillons de 6 compagnies; la force d'un régiment est de 3000 soldats.

En récapitulant les chiffres énonçant l'effectif de l'armée d'Italie, nous trouvons : 259980 hommes d'infanterie, 19196 hommes de cavalerie, 20100 hommes d'artillerie, et 6000 hommes du génie, en tout : 305276 combattants.

Cette force est répartie en sept circonscriptions militaires, qui correspondent aux sept provinces composant le territoire actuel du royaume italien; les troupes d'infanterie et de cavalerie de chaque province forment en même temps un corps d'armée actif, mais cette organisation diffère du système prussien, sur ce point qu'elle n'est pas réglée d'après des principes stables, et ne se trouve pas en rapport aussi étroit avec l'administration politique du pays Ce sont plutôt des convenances territoriales ou politiques, que des principes d'organisation qui motivent cette distribution des corps. Il en résulte que la composition de ces corps est variable et ne constitue pas un lien permanent pour les opérations de la guerre extérieure. Voici le tableau de la distribution de ces corps à la fin de 1862 :

1er *corps d'armée :* cantonné en Piémont ; quartier général : Turin ; effectif 2 divisions d'infanterie (3e et 11e) et une brigade de hulans (8 escadrons).

2e *corps* : en Lombardie ; quartier général : Milan ; effectif 4 divisions d'infanterie (6e, 9e, 15e et 16e), et 1 brigade de cavalerie de ligne (12 escadrons).

3e *corps :* en Parme ; effectif 3 divisions d'infanterie (8e, 12e et 14e) et 1 brigade de cavalerie de ligne (12 escadrons).

4e *corps :* provinces Émiliennes ; quartier général : Bologne ; effectif 3 divisions d'infanterie (4e, 7e et 13e) et 1 brigade de hulans (8 escadrons).

5e *corps :* en Toscane ; quartier général : Florence ; effectif 2 divisions d'infanterie (1re et 17e) et 1 brigade de chevau-légers.

6e *corps :* en Naples et en Calabre ; quartier général : Naples ; effectif 5 divisions d'infanterie (2e, 5e, 18e, 20e et 21e) et 1 division de cavalerie composée de 4 brigades (32 escadrons).

Les troupes de cette circonscription sont sur le pied de guerre à cause des troubles révolutionnaires ; elles comptent 100 bataillons, 32 escadrons, 16 batteries et des détachements du génie, environ 77 616 hommes.

7e *corps :* île de Sicile ; quartier général : Palerme ; effectif 2 divisions d'infanterie (10e et 19e), sur le pied de guerre et présentant, avec les derniers renforts en Bersaglieri, un total de 37 bataillons, 4 escadrons, 10 batteries, environ 25 378 hommes.

La division d'infanterie compte, en moyenne, quatre régiments de ligne (en deux brigades), et deux bataillons de Bersaglieri.

V. — ARMÉE ANGLAISE.

Comme nous l'avons déjà dit, l'éparpillement des corps de l'armée anglaise, qui résulte de la politique de ce royaume, donne à leur organisme un caractère exceptionnel.

Elle produit notamment une grande variété de formes, dont nous allons passer en revue les éléments principaux. Nous commencerons ce relevé sommaire par un coup d'œil sur les troupes stationnées dans le Royaume-Uni, et disponibles en première ligne pour la guerre européenne. Ces troupes se composaient, le 1er octobre 1862, de 1 bataillon de grenadiers de la garde de Coldstream (Coldstream-Guards), fort de 10 compagnies de 90 hommes chacune ; puis de 47 bataillons de ligne et de 4 bataillons de chasseurs (rifle-brigade); le bataillon a 8 compagnies actives, en moyenne, et compte tout au plus 600 hommes, ce qui fait 52 bataillons d'infanterie ayant un effectif normal de 30000 hommes. A l'exception des brigades actives, ces troupes sont réparties dans les camps de Shorcliff, d'Aldershott et de Curragh (en Irlande), dans les garnisons et places fortes du pays, sans former des corps autres que des régiments.

La cavalerie comprenait 3 régiments de cavalerie de la garde, savoir : 1 régiment de horse-guards, 2 régiments de life-guards, chacun de 8 *troops* ou 4 escadrons, le régiment entier comptant 438 hommes ; de 7 régiments de grosse cavalerie, dits dragoon-guards, et de 13 régiments de dragons (cavalerie légère), formés également de 8 *troops* ou 4 escadrons, et comptant 450 cavaliers par régiment ; le total de la cavalerie est donc de 23 régiments ou 92 escadrons avec 10 314 cavaliers. Les formations actives des corps de cavalerie se bornent à 2 brigades mobiles, de 2 à 3 régiments faisant partie des camps nommés ci-dessus. L'artillerie de campagne compta, à la même époque, 3 brigades à pied montées de 8 batteries chacune, d'un effectif de 5328 hommes, et 6 batteries à cheval avec 1512 hommes, donc en tout 30 batteries actives avec 6840 hommes.

En ajoutant à ces corps 14 compagnies du génie, de 140 hommes en moyenne, le nombre des troupes mobiles cantonnées en Angleterre même, s'établit à 50000 combattants, chiffre bien minime relativement à la superficie du territoire et au chiffre des habitants. Les forces non mobilisables et qui ne peuvent compter que pour la défense intérieure, et que nous nous bornerons à mentionner sans examiner leur organisation, comprennent 141 dépôts d'infanterie, chacun de 2 compagnies, dont l'état complet est de 75 à 80 hommes par compagnie, de 3 brigades d'artillerie de place, fortes de 3000 combattants, d'une brigade d'artillerie côtière (1209 hommes) et d'un dépôt central d'artillerie (2000 hommes; en tout 27 209 hommes, dont 21 000 hommes d'infanterie.

Les troupes régulières détachées aux Indes orientales se composaient, en 1862, de 51 bataillons d'infanterie de 10 compagnies actives, le bataillon ayant un effectif de 1080 hommes, et de 8 régiments de dragons légers de 4 escadrons chacun, le régiment ayant 698 hommes, enfin de 2 brigades d'artillerie à pied (la brigade ayant 10 batteries), et 4 batteries à cheval, 4 compagnies du génie; en tout : 55080 hommes d'infanterie, 5584 cavaliers, 6260 hommes d'artillerie et 560 hommes du génie.

Dans les autres possessions anglaises nous trouvons les corps suivants :

Possessions méditerranéennes : 5 bataillons à Gibraltar, 7 bataillons à Malte et 3 bataillons à Corfou.

Colonies d'Afrique : 2 bataillons à Saint-Maurice et 4 bataillons au cap de Bonne-Espérance.

Colonies américaines : 15 bataillons au Canada, 2 bataillons à la Nouvelle-Écosse, 2 bataillons aux Antilles et 1 bataillon aux Bermudes.

En Australie : 4 bataillons de ligne.

En outre : 14 compagnies du génie, fractionnées en détachements plus ou moins nombreux, et répartis sur les points fortifiés les plus importants.

L'effectif réel de ces divers corps ne peut être évalué que d'une manière approximative, par suite du mouvement continuel auquel ils sont soumis. On peut compter en moyenne 800 hommes par bataillon actif, et 150 hommes par compagnie du génie.

D'ailleurs, la guerre des États-Unis et l'expédition du Mexique ont motivé dernièrement plusieurs modifications à la distribution que nous venons d'indiquer.

Paris. — Imprimerie de E. Martinet, rue Mignon, 2

Paris. — Imprimerie de E. MARTINET, rue Mignon, 2

www.ingramcontent.com/pod-product-compliance
Ingram Content Group UK Ltd.
Pitfield, Milton Keynes, MK11 3LW, UK
UKHW031930260826
14628UKWH00004B/1525

9 782016 129746